DAMPF ABLASSEN

PLAUDERN UND GENIEẞEN

HORIZONT ERWEITERN

ABENTEUER IN SICHT

LIEBE LESERIN, LIEBER LESER,

raus aus dem Arbeitsalltag und rein ins urbane After-Work oder ins grüne Idyll: Frankfurt am Main überrascht mit neuen Lieblingsorten und Aktivitäten für jede Stimmung und Jahreszeit. Da warten Stadtoasen, die zum entspannten Tagesausklang einladen, Kulturkosmen, die ins Staunen versetzen, und Canyons direkt vor den Toren der Mainmetropole, wie gemacht für ein kurzes und knackiges Feierabend-Abenteuer.

Mein Buch soll inspirieren, die übliche After-Work-Routine zu verlassen und die wunderbare Stadt am Main mit all ihren Vorzügen und Schattierungen zu erfahren – ganz unkompliziert in ein paar Stündchen nach der Arbeit.

Viel Vergnügen beim Auspowern, Entdecken und Genießen wünscht

Sarah Walthinger

PS: Übersichtskarten und Infos zum Download von Tourdaten gibt's ab Seite 224.

AUSZEIT.
ABENTEUER.
LEBENSLUST.

DAMPF ABLASSEN

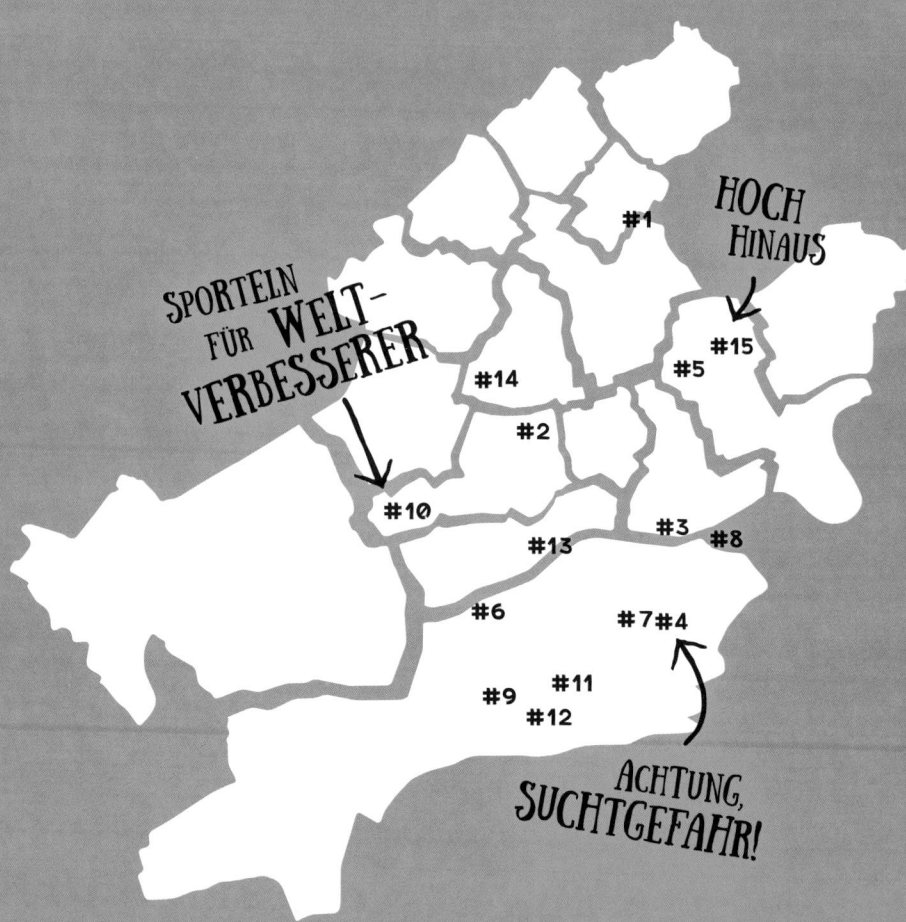

HOCH HINAUS

SPORTELN FÜR WELT- VERBESSERER

#1

#15

#5

#14

#2

#10

#13

#3

#8

#6

#7 #4

#9

#11

#12

ACHTUNG, SUCHTGEFAHR!

Alternativen zu Boxsack & Yogamatte

Sich auf dem Rad den Kopf vom Fahrtwind durch-
pusten lassen, mit Gummistiefeln in Pfützen springen
und auf oder am Wasser aktiv sein. Im Nu wird die
Stadt zum Fitnessstudio.

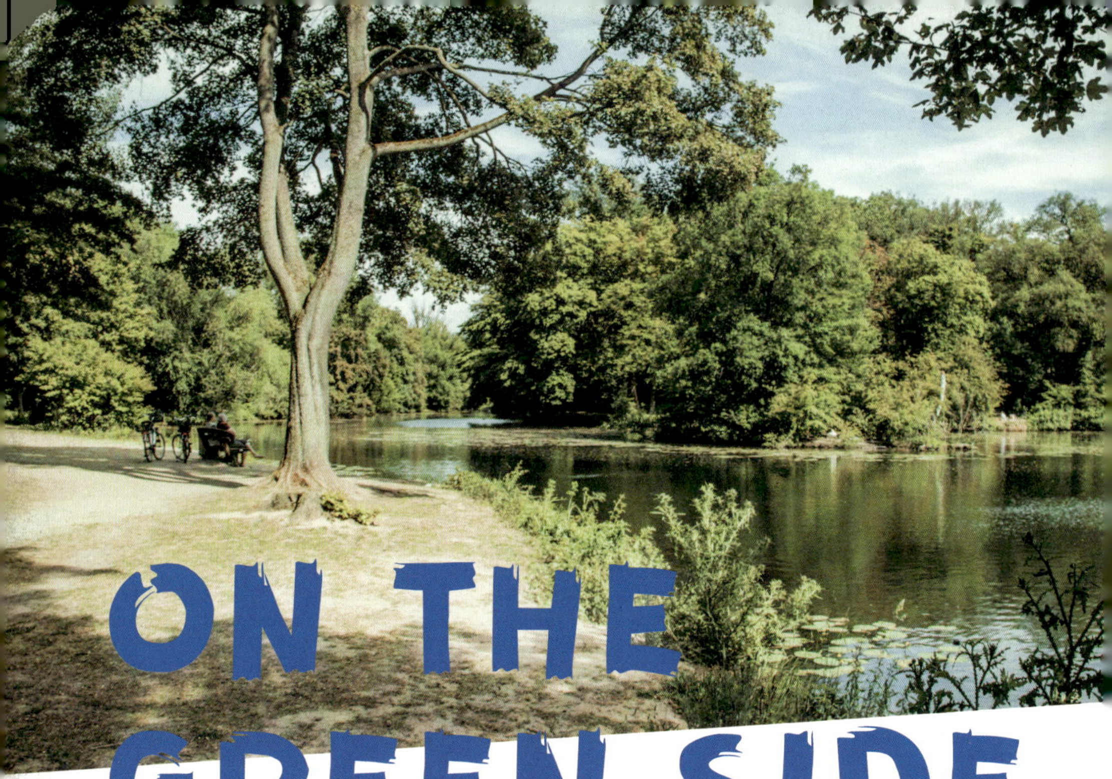

ON THE GREEN SIDE

… auf dem Grüngürtel-Radrundweg

#1 *Kaum schöner lässt sich die grüne Seite Frankfurts entdecken als vom Rad aus. Auf dem Grüngürtel-Radrundweg steht heute eine abwechslungsreiche Etappe bevor – vom beschaulichen Berkersheim bis zur Düne der Stadt.*

#derWegistdasZiel #Radfahrvergnügen #Naturpur

Wald, Wasser, Düne vom
Fahrradsattel aus erleben – und
eine Prise Freiheit.

Auf rund 64 Kilometern lässt es sich auf dem Grüngürtel-Radrundweg wunderbar um Frankfurt radeln. Zahlreiche S-Bahn-Stationen entlang der Strecke laden zum Ein- und Ausstieg ein. So kann man sich, nach Feierabend aufs Rad geschwungen, immer wieder eine neue Teilstrecke vornehmen. Die meisten Wege verlaufen angenehm flach, durch Wiesen, Felder, Auen, Parks und durch dichten Wald. Lediglich am Lohrberg und am Berger Hang kommt man schon mal aus der Puste.

Eine vielfältige und entspannte Etappe führt auf rund 25 Kilometern von Berkersheim bis nach Schwanheim, zahlreiche Highlights inklusive.

Vom Berkersheimer Bahnhof sind es nur wenige Meter bis zur Nidda und dem Einstieg zum Grüngürtel-Radrundweg. Idylle pur gleich zu Beginn der Tour mit einem herrlichen Abschnitt am Wasser und weiter geht's durch die schöne Auenlandschaft. Rechter Hand taucht bald der rot-weiße Turm des Tower Cafés von Bonames auf. Anschließend kurz dem Grün-Gürtel-Tier winken, das auf der Brücke zum Alten Flugplatz das Geschehen beobachtet, aber dennoch weiter dem Radweg entlang der Nidda folgen.

Am Eschersheimer Wehr wird für etwa einen Kilometer auf die andere Uferseite gewechselt,

Immer aufs Neue ein Blick, der in Verzückung versetzt: Der Stadtteil Höchst mit seiner malerischen Altstadt. Hier und am Flussufer locken zahlreiche Lokale dazu ein, vom Rad zu steigen und sich ein Päuschen zu genehmigen.

um sich nach einer weiteren Überführung und kurzzeitig von der Nidda zu verabschieden – wenn auch nur für die nächste Etappe. Durch die Niedwiesen radelnd, streift man den Stadtteil Ginnheim und den Volkspark Niddatal.

Unter der A66 lohnt es kurz abzusteigen, denn hier haben 24 Künstler gemeinsam mit Jugendlichen die Säulen der Brücke mit Graffiti geschmückt. Zurück auf dem Sattel, führt der Grüngürtel-Radrundweg durch Bockenheim und den romantischen Biegwald.

Kurz darauf trifft man wieder auf den zweitliebsten Fluss Frankfurts, um ihm nun bis zu seiner Mündung in den Main zu folgen. Hier am Ufer von Höchst verlocken zahlreiche Lokale zur Rast. Wer die Fähre rüber nach Schwanheim noch erwischen möchte, der entsagt der

Versuchung lieber. Denn die letzte Überfahrt ist um 18 Uhr. Alternativ passiert man die Leunabrücke und erreicht so das andere Mainufer. Wer mag, macht einen kleinen Umweg durch die Schwanheimer Düne. Weil dieses kostbare Juwel der Stadt einfach immer einen Ausflug wert ist. Und wenn man schonmal da ist … Das Naturschutzgebiet verlassend, radelt man durch Schwanheim und findet am S-Bahnhof Stadion oder Niederrad gute Möglichkeiten, um den Nachhauseweg anzutreten. Alternativ weiter dem Symbol des Fahrrads auf gelbem Grund folgen, bis die Beine müde werden.

FAZIT: WALD, LAND, FLUSS – UND NOCH VIEL MEHR – EIN VIELFÄLTIGES AFTERWORK-RADFAHRVERGNÜGEN.

Hin & weg: Mit der S6 bis Bahnhof Berkersheim. Gute Ausstiegsmöglichkeiten bei Schwanheim sind die S-Bahn-Stationen Stadion oder Niederrad. Die Schwanheimer Fähre setzt von März bis September bis 18 Uhr auf die andere Uferseite über. Der Mittwoch ist für Sondertouren reserviert, sodass es keinen regulären Fährbetrieb gibt.

Beste Zeit: Am schönsten, wenn im Frühling die Bäume grünen, hat aber auch zu jeder anderen Jahreszeit seinen Reiz.

Dauer & Strecke: Der 64 km lange Grüngürtel-Radrundweg lässt sich nach Lust und Laune in Häppchen erradeln. Von Berkersheim bis zur Schwanheimer Düne benötigt man für 25 km je nach Tempo 1,5–2,5 Std. ohne Pausen.

Ausrüstung: Fahrrad, Kleingeld für die Fähre.

Übrigens: GPX-Download auf Seite 229.

LUFT-
SPRÜNGE

⋝ … im Grüneburgpark im Westend ⋜

#2 Viel Raum, um mal wieder der Frisbeescheibe nachzujagen, findet man im
weitläufigen Grüneburgpark. On top gibt's
Erfrischungen aus einem einstigen Gartenhaus und einen Kurztrip nach Ostasien.

Bethmannpark, Palmengarten und der kleine, aber feine Holzhausenpark. Frankfurt ist voller Eldorados für Sonnenanbeter und Outdoor-Sportler. Aber welcher ist eigentlich der Lieblingspark der Frankfurter? Zweifellos ganz vorne dabei ist der Grüneburgpark im Westend. Genügend Fläche, um die Picknick-Decke auszubreiten, die Frisbeescheibe zu werfen (und zu fangen) – und das perfekte Fleckchen, um in der Hängematte zu lümmeln, gibt's hier natürlich auch.

Seinen Namen verdankt der Park dem Gutshof Grüne Burg und dem, auf selbigem Grundstück im 19. Jahrhundert erbauten, Rothschild-Palais, auch bekannt als Villa Grüneburg. Um das Palais gestaltete der Gartenarchitekt Heinrich Siesmayer im Auftrag der Bankiersfamilie Rothschild einen englischen Landschaftsgarten mit zahlreichen Staffagebauten. Leider erinnern heute nur noch Tafeln an den Gutshof Grüne Burg und das Neue Palais. Doch der Park samt Name blieb.

Über herrliche von Bäumen gesäumte Pfade kann man sich durch die 29 Hektar große Anlage treiben lassen und entdeckt entlang des Weges sogar eine prachtvolle orthodoxe Kirche und einen Wasserturm, den die Frankfurter Rapunzelturm tauften.

Ein wahrer Hingucker im Park ist außerdem der klassizistische Schönhof-Pavillon, der das beliebte Park Café beherbergt. Eine prima Anlaufstelle gegen Hunger und Durst. Außerdem hat man von der Terrasse des Cafés einen schönen Blick hin zum Koreanischen Garten, der sich im östlichen Teil des Parks verbirgt.

Der Grüneburgpark ist der *place to be*, um in der Hänge-matte zu chillen, der Frisbeescheibe nachzujagen, und auch Architekturfans wird was geboten.

In der Gartenanlage spaziert man vorbei an einem Ensemble koreanischer Pavillons und einem Teich mit leise plätscherndem Bachlauf. Der Garten war ein Geschenk Südkoreas an-lässlich der Buchmesse 2005, bei der Korea als Gastland auftrat.

Im Sommer vergnügt man sich im Grüneburg-park bei einem echten Sommerspielklassiker. Dem Frisbeewerfen. Besonders praktisch, wenn man die Sportsession gemeinsam mit den Kollegen an den Tag im Büro anknüpfen möchte: Es braucht kaum Equipment. Ein Fris-bee und bequeme Kleidung genügt. Im Park einfach die Schnürschuhe abstreifen. Barfuß auf der Wiese der fliegenden Scheibe nachzu-hechten macht nämlich am meisten Spaß.

Stundenlang kann man damit verbringen, ge-meinsam mit Freunden oder Kollegen neue Wurftechniken zu erproben, bis die Sonne langsam zwischen den Baumwipfeln ver-schwindet. Und für den perfekten Ausklang des Tages einfach noch ein Ründchen ent-spannt in der Hängematte schaukeln. Na, wie klingt das?

Gegenüber der Insektenwiese stehen einige hängemattentaugliche Baumriesen. Und nun Augen schließen und dem Blätterrascheln lau-schen – das hat man sich nach so viel körperli-cher Ertüchtigung aber auch verdient.

FAZIT: IN EINEM DER SCHÖNSTEN PARKS FRANKFURTS DIE PROBLEME WEGWERFEN UND GECHILLT ABHÄNGEN.

Hin & weg: Mit der U-Bahn (6 oder 7) bis Westend oder mit Bus 75 bis Siesmayerstraße (Palmengarten).

Beste Zeit: Im Sommer.

Dauer: Ab 1 Std. Oder bis die Sonne hinter den Baumwipfeln verschwindet.

Ausrüstung: Bequeme Kleidung, Frisbeescheibe und evtl. eine Hängematte.

MONKEY BUSINESS

⋛ ... im Hafenpark im Ostend ⋚

#3

*Runter vom Sofa, raus aus der Komfort-
zone und rauf auf die Kletterkugel. Wie
eine Runde körperliche Ertüchtigung ein
neues Lieblingsritual zum Feierabend
werden könnte und in welcher Frankfurter
Kulisse es sich am schönsten
sporteln lässt.*

Sich im Schatten der EZB in der Kunst des Kletterns üben. Der Hafenpark am Main bietet die perfekte Kulisse für eine Sportsession in den Feierabendstunden.

Warum warten, Vorsätze in die Tat umzusetzen, bis am Silvesterabend die Korken knallen, wenn man jetzt gerade von einem Anflug an Motivation gekitzelt wird? Der innere Schweinehund kann zu jeder Zeit besiegt werden. Ein neuer Monat, eine neue Woche oder ein neuer Tag sind dafür genauso gut geeignet.

Um dem Gewohnheitstier Mensch Veränderungen, die zwar nachweislich gut tun, vor denen man sich aber nur zu gerne drückt, schmackhaft zu machen, hilft es, Routinen im Alltag zu etablieren. Wie wäre es, gleich am Montag sportlich in die neue Woche zu starten? Bye, bye Montagstief!

Also am besten schon sonntagabends die Sporttasche bereitstellen und den montäglichen Feierabend mit einer Sportsession in

Frankfurts coolstem Outdoor-Gym einläuten. Auf einer Fläche von vier Hektar liegt der Hafenpark dem imposanten Wolkenkratzer der Europäischen Zentralbank zu Füßen.

Erst 2015 wurde das Sport- und Freizeitgelände am Mainufer eingeweiht und bringt eine ganze Palette an Möglichkeiten mit, um sich draußen an der frischen Luft zu bewegen. Egal ob man lieber am Kletter- und Klimmparcours trainiert, bis die Arme müde werden, sich auf der vorinstallierten Slackline im Balancehalten übt, Luftsprünge auf dem Trampolin vollführt oder gemeinsam mit den Kollegen beim Mannschaftssport austobt. Zwei Basketballfelder hat der Hafenpark zu bieten. Außerdem zwei Felder, die für Volleyball, Badminton oder Feldhockey genutzt werden können. Feierabend-Yogis rollen Matte oder Handtuch auf

der Wiese entlang der Uferpromenade aus. Im »Baum« – mit einem Fuß an der Innenseite des Oberschenkels und den Handflächen, die sich über dem Kopf berühren – steht es sich mit Blick hin zur Lieblingsskyline doch gleich viel entspannter.

Ein weiterer Höhepunkt im Hafenpark sind ganz im wörtlichen Sinne die Kletterkugeln. Drei an der Zahl, in unterschiedlichen Höhen

und Ausführungen, stehen bereit. Verschiedene Seilformationen und Griffe fordern heraus und erinnern daran, von welchen Verwandten der Mensch die Kunst des Kletterns geerbt hat.

Oben auf der Kugel angekommen, wird man mit einem schönen Blick belohnt. Der Wolkenkratzer der Europäischen Zentralbank glitzert einem entgegen und Glücksgefühle setzen ein. Na dann, bis nächsten Montag!

Hin & weg: Mit der U6 zum Ostbahnhof oder der Straßenbahnlinie 11 bis zur Haltestelle Ostbahnhof / Honsellstraße oder Sonnemannstraße.

Beste Zeit: Zu jeder Jahreszeit. Sofern das Wetter mitspielt, gelten keine Ausreden.

Dauer: Ab 1 Std.

Ausrüstung: Sportkleidung, Trinkflasche.

> **FAZIT: MIT SPORTLICHEM SCHWUNG IN DIE NEUE WOCHE – TUT KÖRPER UND GEIST GUT UND HEBT DIE STIMMUNG.**

PING UND PONG

≥ ... im Scheerwald und in ganz Frankfurt ≤

#4

»Tischtennis? Ist das überhaupt ein Sport? Da bewegt man sich ja gar nicht.« So die Stimmen mancher Kritiker. Wie schnell sich dann doch die erste Schweißperle auf der Stirn bildet, zeigt eine Partie im Scheerwald. Bereit für ein Match?

Wer am Ende zum Timo Boll der Mainmetropole gekürt wird, zeigt ein Feierabend-Match. Besonders herrlich Tischtennis spielen lässt es sich im Scheerwald.

In ganz Frankfurt sind sie verteilt und finden leider allzu oft zu wenig Beachtung: Tischtennistische. Einsam stehen sie in Parks und auf Spielplätzen. Dabei werden sie nicht selten als Wickelstation zweckentfremdet. Höchste Zeit, dem tatsächlichen Sinn des Sportgerätes neues Leben einzuhauchen.

Ein großer Vorzug des Tischtennisspielens: Je nach Anzahl der Mitspieler kann man sich Einzel- oder Doppelpartien liefern, die Kollegen zum Rundlauf animieren oder in den Feierabendstunden einen Sieger während eines kleinen Turniers krönen.

Wie gemacht für eine After-Work-Session ist der Waldspielpark in Oberrad. Hier hat man mehrere Tische im Schatten der Bäume des Scheerwaldes platziert. In nächster Nähe zu den Wasserspielen. Praktisch, wenn man sich

zwischendurch nach einer Erfrischung sehnt. Denn auch wenn der Tischtennissport bei so manch einem Fußballer, Handballer oder Basketballer gerne als Sport für Bewegungsfaule verspottet wird, richtig geschupft, geschmettert und den Topspin mit Schmackes über den Tisch gepfeffert, kommt man durchaus ins Schwitzen. Unter den hohen Buchen des Scheerwaldes lassen sich prima die Vor- und die Rückhand trainieren. Hin und wieder segelt ein hellgrünes Blatt auf die Tischplatte. Von Grüntönen in allen Schattierungen wird man hier umgeben. Einfach herrlich! Im Kiosk gibt's kühle Getränke und Snacks. Ein großer Grillplatz lädt dazu ein, das Spiel mit einem Barbecue ausklingen zu lassen. Die Grillkohle und Würstchen zu Hause vergessen? Kein Problem! Hungrigen Ballsportlern sei das Schmidt-Peccolo am Goetheturm – zehn Minuten vom Waldspielpark – ans Herz gelegt. Sehr

zu empfehlen ist der Kaiserschmarrn, den man in der gemütlichen Stube oder draußen mit Blick auf Turm und Natur genießt.

Wer sich für die Ping-Pong-Partie ein urbanes Ambiente vorstellt, findet natürlich auch in anderen Frankfurter Ecken Tischtennistplatten en masse. Einfach in die Suchmaschine des Vertrauens eingeben. Herrlich kleppern lässt es sich zum Beispiel auch am Mainufer auf dem Spielplatz neben der Untermainbrücke oder am Skatepark an der Friedensbrücke im Schatten des Westhafentowers. Tischtennis spielen und ganz nebenbei eine ordentliche Dosis des liebenswerten Bornheims aufsaugen funktioniert am besten am Merianplatz auf der Berger Straße. Für den Absacker nach dem Match geht's in die angesagte Sugar Bar (www.sugar-bar.de), in der Gästen sogar der individuelle Lieblingscocktail gemixt wird.

> **FAZIT: ACHTUNG, SUCHTFAKTOR! AUF DAS ERSTE TISCHTENNIS-MATCH FOLGT AM NÄCHSTEN TAG MEIST DAS ZWEITE.**

Hin & weg: Für die Fahrt in den Scheerwald von Lokalbahnhof/Hedderichstraße mit Bus 48 bis Goetheturm.

Beste Zeit: An einem lauen Sommerabend macht die Partie Tischtennis am meisten Spaß. Wichtig: Windstill sollte es ein.

Dauer: Aus einem Stündchen werden gern drei.

Ausrüstung: Tischtennisschläger und -bälle.

TSCHÜSS, FAULE AUSREDE!

⟫ ... im Huthpark in Seckbach ⟪

#5

Ziehen, beugen, drücken, balancieren – und dehnen nicht vergessen! Alle nötigen Utensilien für eine feierabendliche Sport-session finden sich in den Outdoor-Gyms der Mainmetropole. Mit Blick ins Grüne und noch dazu für lau.

Für die korrekte Ausführung der Übungen kann man sich im Huthpark an Hinweistafeln orientieren.

Calisthenics lautet das Zauberwort, wenn sich der Frühling ankündigt, die Tage endlich wieder länger werden und einen die Lust überkommt, sich sportlich auszutoben. Der englische Begriff, der beim Aussprechen gern die Zunge verknotet, meint Sportübungen mit dem eigenen Körpergewicht – und die vollführt man am liebsten draußen.

Seinen Ursprung hat Calisthenics übrigens Anfang des 21. Jahrhunderts in New York. In öffentlichen Parks und auf Spielplätzen begann man Klimmzugstangen und Bänke in das Workoutprogramm zu integrieren. Eine neue Trendsportart war geboren und kurz darauf wurden sogar Trainingsparks gebaut. Mittlerweile locken auch in Frankfurt ein paar der Outdoor-Gyms zum Auspowern. Also, Sportsachen gepackt, Turnschuhe geschnürt und los geht's. Besonders für Anfänger bestens ge-

eignet ist der Vitaparcours im Huthpark. Hier auf dem Sportgelände in Seckbach, unweit der Unfallklinik, geht es eher entspannt zu und man wird weniger von solchen Muskelpaketen eingeschüchtert, wie man sie häufig im Hafenpark (Eskapade #3) sichtet.

Umgeben von Grün in all seinen Schattierungen, sind auf dem Fitnessplatz, im westlichen Teil des Huthparks, verschiedene Sportgeräte installiert, die Koordination, Kraft, Ausdauer und Beweglichkeit trainieren. Hinweistafeln helfen dabei, die Übungen korrekt auszuführen. Sogar über einen Schwebebalken und eine Slackline kann man hier balancieren.

Die Belohnung für die körperliche Ertüchtigung hat man dabei fast im Blick. Die Pfannkuchen mit Heidelbeeren, die in der Bergstation serviert werden. Das Lokal befindet sich ebenfalls

So macht Sport Spaß: Balanceakt unter freiem Himmel und Klimmzüge mit Aussicht.

im Huthpark. Genauer gesagt in einem um die 100 Jahre alten Gartenpavillion, der von Mitarbeitern des Frankfurter Architekten Ernst May gestaltet wurde.

Der Huthpark liegt nicht auf der Strecke? Die Ausrede zählt nicht. Anderswo ist ebenso gut sporteln, etwa auf dem Sport-Campus der Goethe-Universität in Ginnheim. Bis in die Abendstunden kann man hier über die rostrote Laufbahn des Leichtathletikstadions flitzen. Eine Calisthenics- und Slackline-Anlage gibt's hier ebenso wie im Huthpark. Und sogar der Lohn für das Workout lockt unweit des Campus. Im Restaurant Wie bei Omi ist der Name Programm. Neben einer feinen Auswahl an Pastagerichten, Pizza und Salaten gibt's Omis Linsenrahmsuppe und zum Nachttisch Kaiserschmarrn mit Apfelkompott und Vanillesoße. Und das ganz ohne schlechtes Gewissen.

FAZIT: OUTDOOR-TRIMM-DICH-SESSION FÜR SPORTSKANONEN UND ALLE, DIE ES NOCH WERDEN MÖCHTEN.

Hin & weg: U4 bis Seckbacher Landstraße. Von hier sind es knapp 20 Gehminuten in den Huthpark. Perfekt zum Aufwärmen. Oder 2 Stationen mit Bus 38 bis Atzelberg-West. Für den Sport-Campus mit U6 bis Kirchplatz und weiter mit Bus 34 bis Universitätssportanlagen.

Beste Zeit: Im Frühling und Sommer.

Dauer: Ab 0,5 Std.

Ausrüstung: Sportkleidung und Turnschuhe, Wasser.

STADT, FLUSS, KULTUR

 ... entlang des Mains

#6

Feierabend-Glück auf zwei Rädern. Auf den Sattel schwingen und immer dem Wasser nach geht's am Main entlang über Niederrad bis nach Offenbach – samt genussvollen und kulturellen Stationen auf der Strecke.

#Mainradeln #Genussmomente #wecycleFfm

ICH

Runter vom Sattel und hoch auf den Sockel. Wer wirft sich auf dem Ich-Denkmal in Pose?

Was gibt es Schöneres, als sich nach getaner Arbeit den Drahtesel zu schnappen und einfach loszudüsen. Der Fahrtwind bläst im Nu alle Sorgen davon und obendrauf locken entlang des Weges diverse Lokalitäten zum Absteigen, Rasten und Genießen. Ein besonders schöner Radweg führt von der Frankfurter Innenstadt nach Offenbach. Auf knapp acht Kilometern hat man dabei immer den Main im Blick. Mal ganz nah, mal durch dichtes Gewächs schimmernd. Noch ein Bonus beim Main-Radeln: Strapaziöse Höhenmeter erwarten einen genau ... zero.

Die gemütliche Radtour beginnt an einer der Lieblingssommerlocations der Frankfurter, dem Licht- und Luftbad Niederrad, kurz LILU. Die kleine Maininsel ist ein herrlicher Ort zum Entspannen und Festefeiern oder eben als Startpunkt, um von hier immer am Fluss entlang Richtung Osten zu radeln.

Entspannt führt der Radweg durch die Innenstadt, das Wasser linker Hand, das Museumsufer rechter Hand, bevor es nach etwa 20 Minuten Anlass für einen kurzen Zwischenstopp gibt. Das Ich-Denkmal lädt zum Posieren ein.

Wenige Meter hinter dem Licht- und Luftbad Niederrad ragt der Westhafen Tower wie ein gigantisches Apfelweinglas empor. Der Anblick macht durstig? Erfrischende Drinks gibt's spätestens im Hafen 2.

Zurück auf dem Rad lässt der nächste potenzielle Halt nicht lange auf sich warten. Die Gerbermühle, in der schon Goethe des Öfteren zu Gast war. Einst hatte der Bankier Johann Jakob Willemer, der Göttergatte von Marianne, einer Muse Goethes, die Mühle gepachtet.

In dem Biergarten lässt es sich besonders an warmen Tagen herrlich verweilen – mit Blick aufs Wasser versteht sich. Alternativ werden im Kastanienhof, wenige Meter vor dem Ich-Denkmal, mediterrane Gerichte serviert. Gestärkt schwingt man sich wieder aufs Rad,

um weiter dem Fluss zu folgen, der einen nur einen Wimpernschlag später über die Stadtgrenze nach Offenbach begleitet.

Wunderbar, um den Abend ausklingen zu lassen, ist der Hafen 2. In dem Kulturkosmos werden von Februar bis November allerlei Live-Konzerte, Open-Air-Kino und Lesungen dargeboten. Nebenbei gibt's im Café erfrischende Drinks – und wurde schon der Heidschnucken-Zoo erwähnt?

Wer besonders flott unterwegs ist, könnte sich vom Main nun noch weiter über Bürgel, Hainstadt und einige andere Ortschaften bis nach Seligenstadt führen lassen. Andernfalls nimmt man am S-Bahnhof Offenbach-Kaiserlei die Bahn zurück nach Frankfurt. Oder radelt auf selber Strecke, wie man gekommen ist, zurück nach Mainhatten – immer dem Wasser folgend.

Hin & weg: Mit der Tram 12, 15 oder 21 bis zur Heinrich-Hoffmann-Straße/Blutspendedienst. Von hier sind es noch 400 m bis zum Main. Auf dem Rückweg am S-Bahnhof Offenbach-Kaiserlei zurück in die Stadt oder auf selber Strecke mainabwärts.

Beste Zeit: Frühling bis Herbst.

Dauer & Strecke: 2–3 Std. für 8 km mit Pausen.

Ausrüstung: Drahtesel. Proviant ist nicht erforderlich, den gibt's am Wegesrand zur Genüge.

Übrigens: GPX-Download auf Seite 229.

ÜBER ALLEM STEHEN

 ... auf dem Goetheturm im Stadtwald

#7 *Drei Jahre lang mussten die Frankfurter auf eines ihrer liebsten Wahrzeichen verzichten. Den Goetheturm, der nach einem Brandanschlag vollkommen zerstört wurde. Seit Sommer 2020 strahlt eine Rekonstruktion des Turms in neuem Glanz und gibt Grund, zum Feierabend in luftige Höhen zu klettern.*

Über 175 Stufen geht's in luftige Höhen. Oben angekommen, belohnt die Aussichtsplattform des 43 Meter hohen Goetheturms mit einem sagenhaften Weitblick.

Er war eines der bedeutendsten Wahrzeichen Frankfurts und bis zur Jahrtausendwende das höchste öffentlich zugängliche Holzgebäude Deutschlands, bis er 1999 vom Jahrtausendturm in Magdeburg abgelöst wurde. Der Goetheturm. 1931 aus Kiefern-, Buchen- und Eichenholz aus dem Stadtwald erbaut, fiel der Goetheturm im Oktober 2017 Brandstiftern zum Opfer.

Eine Woge der Erschütterung ging durch die Stadt und auch über die Stadtgrenze hinaus floss so manche Träne. Denn der 43,3 Meter hohe Turm, der am nördlichen Rand des Stadtwaldes zwischen den Bäumen emporragte, galt nicht nur als Symbol der Stadt, benannt nach dem berühmten Sohn Frankfurts, Johann Wolfgang von Goethe. Der Turm samt umliegendem Wald diente als beliebtes Ausflugsziel im Rhein-Main-Gebiet. Zahlreiche Kinderaugen

begannen zu leuchten, wenn die 196 Stufen erklommen waren und die Aussichtsplattform erreicht war. Bis in den Taunus und den Vogelsberg konnte man schauen und sogar die Kühltürme des Kraftwerks bei Großkrotzenberg waren bei guter Sicht auszumachen.

Jahrelang blieb nun das Vergnügen Turmbesteigung aus und man begnügte sich mit Ausflugslokalen, den Waldwegen, Waldspielpark und den Tischtennisplatten (Eskapade #4). Doch ein Wermutstropfen blieb und man sah oftmals sehnsüchtige Blicke Richtung Plateau, wo der Goetheturm einst thronte.

Nach der Zerstörung waren sich die Frankfurter schnell einig. Sie wollten ihren Turm zurück – und den bekamen sie. Allerdings mussten sich Bewohner und Ausflügler aus dem Umland drei Jahre gedulden. Sogar bei

der Optik des neuen Turms war man sich einig. Möglichst originalgetreu sollte er an seinem alten Platz zwischen den Bäumen hervorragen. Im November 2019 konnte der Wiederaufbau beginnen. Für 2,4 Millionen Euro wurde ein neuer Turm rekonstruiert.

Die Bauarbeiten des Turms im Sommer 2020 verzögerten sich aufgrund der Coronapandemie, da das meiste Holz aus Spanien geliefert wurde. Endlich, am 30. Juli 2020 konnte das

Richtfest gefeiert werden. Hunderte Menschen pilgerten in den Frankfurter Stadtwald, um dem Spektakel beizuwohnen, bei dem die Turmelemente aufeinandergesetzt wurden.

Um den ersten Blick von der Aussichtsplattform schweifen zu lassen, war dann nochmals Geduld gefragt. Aber den Goetheturm vom Waldboden aus zu bewundern war auch schon mal eine feine Sache. Heute können endlich die Stufen bis in 43 Meter Höhe erklommen werden, um zwischen den Baumwipfeln die Aussicht zu genießen – die sicher auch Goethe zum Schwärmen gebracht hätte.

Hin & weg: Für die Fahrt in den Scheerwald von Lokalbahnhof/Hedderichstraße mit Bus 48 bis Goetheturm.

Beste Zeit: Von Frühling bis Herbst.

Dauer: Ab 0,5 Std, um hinaufzusteigen und ausgiebig den Blick schweifen zu lassen.

Ausrüstung: Bequeme Schuhe.

FAZIT: MINI-FEIERABEND-WORKOUT IN LUFTIGER HÖHE MIT WEITSCHWEIFENDER BELOHNUNG.

AUSSICHTS-WECHSEL

⋛ ... Stand-up-Paddeln auf dem Main ⋚

#8

Diese Art der Fortbewegung ist nicht nur für Gleichgewichtskünstler und Fitness-freaks geeignet. Beim Stehpaddeln auf dem Main ist der Stress im Alltag ganz schnell passé – und gute Laune garantiert.

Wann ging es eigentlich los mit diesem *SUPen*? Eines Sommers sprach plötzlich jeder von der brandneuen, angesagten Wassersportart. Damals musste man erst mal eine Suchmaschine befragen, was es mit den drei Buchstaben auf sich hat. Die Erleuchtung folgte umgehend. *Stand Up Paddling* hieß es da. Samt zahlreicher Fotos, auf denen sonnengebräunte Astralkörper auf ihren Boards gen Sonnenuntergang glitten.

Mit zwei Klicks war die Neugier geweckt und mit ihr die Lust, sich möglichst schnell selbst im Stand-up-Paddeln zu üben. Da fragt man sich, woher er denn kommt, der Trend?

Die Ursprünge des Stehpaddelns liegen in weiter Ferne. Zwei Entstehungstheorien sind bekannt. Von Polynesien soll das *Stand Up Paddling* herüber geschwappt sein. Tahitianische Fischer bewegten sich stehend statt sitzend fort. Zum Zweiten erlangte das Stehpaddeln Berühmtheit, als Surflehrer auf Hawaii mit Paddel bewaffnet loszogen, um so schneller und bequemer vom Ufer zu den herrlichsten Wellen zu gelangen.

Doch wo lospaddeln, wenn das Meer in weiter Ferne ist. Und wie, wenn man selbst kein Board hat? Die Antwort liegt mitten in Frankfurt, im Schatten der Skyline, wo sich der Main durch das Zentrum windet. Zwischen der Osthafenbrücke und der Offenbacher Schleuse ist linksmainisch MAIN-SUP stationiert. In der Verleihstation findet man ganz bestimmt das passende Board. Sogar welche in XXL-Format, auf denen die ganze Familie Platz hat, inklusive der Lieblingsoma, die es sich auf einem Klappstuhl gemütlich machen kann. Auf Wunsch gibt's auch Schwimmwesten.

Perspektivwechsel: Mitten in Frankfurt, wo sich der Main durch die Skyline windet, kann man die Welt vom SUP aus betrachten.

Bevor man sich mit einem Leihboard auf den Main wagen darf, ist zunächst eine SUP-Lizenz erforderlich, die man nach einmaliger Teilnahme an einem SUP-Kurs oder einer SUP-Tour auf dem Fluss erhält. Das macht Sinn, denn schon an Land erfährt man allerhand Nützliches, Sicherheitshinweise und Infos zu den Verkehrsregeln auf dem Wasser.

Paddeltechnik und korrekte Körperhaltung verinnerlicht, schnappt man sich das Board und ab geht's auf den Main. Die ersten Meter fühlen sich die Beine an wie die eines neugeborenen Rehkitzes. Im Knien lässt man sich erst mal mit der Strömung treiben und taucht das Paddel vorsichtig ins Wasser. Noch erscheint es vollkommen abwegig, dass so mancher Paddler einen Handstand oder eine andere verrückte Yogahaltung auf dem Board vollführt. Erstaunlich schnell findet man aber die Balance und stellt sich mit seinen wackligen Rehbeinen auf.

Ganz anders als bei einer Bootsfahrt erlebt man nun Mainhattan. Alles wirkt so nah. Nicht nur der Fluss, auch die Stadt erscheint in einer ganz neuen Perspektive. Wie im Flug vergeht die Tour. Am liebsten will man noch gar nicht runter vom Board und weiter dahingleiten. Vom Main auf den Rhein und immer weiter, bis zum Meer.

FAZIT: VORSICHT SUCHTPOTENZIAL! NICHT NUR DAS STEHPADDELN, AUCH DIE SKYLINE AUS DER FLUSSPERSPEKTIVE MAG WOHL JEDER ERNEUT ERLEBEN.

Hin & weg: Mit der S-Bahn bis Frankfurt-Mühlberg. Von hier sind es etwa 20 Gehminuten bis zum MAIN-SUP (www.main-sup.de).

Beste Zeit: Im Hochsommer.

Dauer & Strecke: 1,5–2 Std. Alle Infos zu Touren und Preisen gibt's auf www.main-sup.de

Ausrüstung: Sonnenschutz, Badekleidung, glasfreie Trinkflasche, Mückenspray.

COOL BLEIBEN

⟩ ... im Stadionbad in Sachsenhausen-Süd ⟨

#9 *Raus aus dem Büro und ab ans Wasser. Ein Sommerabend im Stadionbad mit den obligatorischen Pommes Schranke und dem Duft von Sonnencreme. Die Abkühlung setzt spätestens nach dem Sprung vom Zehn-Meter-Turm ein. Na, wer traut sich?*

Im ältesten Freibad der Stadt geht's sportlich zu. Neben dem Bahnenziehen im Sportbecken locken Tischtennis-tische zu einer Partie.

Zum Auftakt des Sommers einfach mal dem ausgelassenen Badevergnügen frönen und die Freibäder Frankfurts unsicher machen. Zu den beliebtesten Badeanstalten gehören das Bren-tanobad in Rödelheim und das Eschersheimer Freibad. Wer es richtig sportlich angehen will, ist dafür in Sachsenhausen-Süd im Stadion-bad richtig.

Ein Bad mit Geschichte, am Rande des Stadtwaldes. In den 1920er-Jahren wurde die Badeanstalt eröffnet und ist somit das älteste Freibad Frankfurts. Zeitweise muss-te das Schwimmbad eine Umbenennung er-dulden. Während des Nationalsozialismus wurde das Bad Sportfeld genannt und nach der deutschen Kapitulation von den Amerika-nern *Victory Pool* getauft. Viele Generationen blickten bereits hinauf zu der heute denkmal-geschützten Sprungturmanlage. Nur die we-

nigsten wagen es, sich aus zehn Meter Höhe ins kühle Nass zu stürzen. All jenen mutigen Wasserraten ist der Respekt der anderen Ba-degäste sicher. Ganz gleich, ob man elegant ins Wasser eintaucht oder mit einem lauten Platsch – allein der Sprung zählt.

Wer den Sprungturm lieber aus sicherer Ent-fernung betrachtet, zieht stattdessen seine Bahnen im 50 Meter langen Sportbecken oder planscht im Erlebnisbecken. Nach einer aus-giebigen Nackenmassage unter dem Wasser-fall lädt die große Liegewiese zum Entspannen und Dösen ein.

Alternativ kann man sogar einen Strandkorb mieten – für das ultimative Feierabendglück. Auch für eine Runde Boccia oder Tischtennis findet man im Stadion die geeigneten Fleck-chen. Zur schönsten Freibadzeit, um 18 Uhr,

lockt das Stadionbad mit einem Abendtarif für die Post-Work-Abkühlung. Dann, wenn die Sonne ihre Hitze verliert und eine angenehme Wärme aussendet, während man am Beckenrand mit den Füßen im Wasser planscht. Wenn die meisten Sonnenhungrigen, die schon seit dem Vormittag schwimmen und chillen, aufbrechen. Man das Becken für sich hat.

Das Bad lichtet sich, die Geräuschkulisse nimmt ab und die Schlange vorm Imbiss ist kaum der Rede wert. Bei der zehnten in Ketchup getunkten Pommes, erinnert man sich an den ersten Schwimmbadflirt und an den legendären Sprung vom Beckenrand, bei dem man das Bikinioberteil oder die Badehose verloren hat. Der Blick fällt auf die Turmsprunganlage. Vielleicht doch den Sprung von ganz oben wagen? Diesmal mit gut sitzendem Badeanzug und beinahe ohne Zuschauer.

Hin & weg: Mit Bus 61 bis Stadion / Schwimmbad oder Straßenbahn Linie 21 bis Stadion.

Beste Zeit: Hochsommer.

Dauer: 2–3 Std.

Ausrüstung: Badesachen und Handtuch.

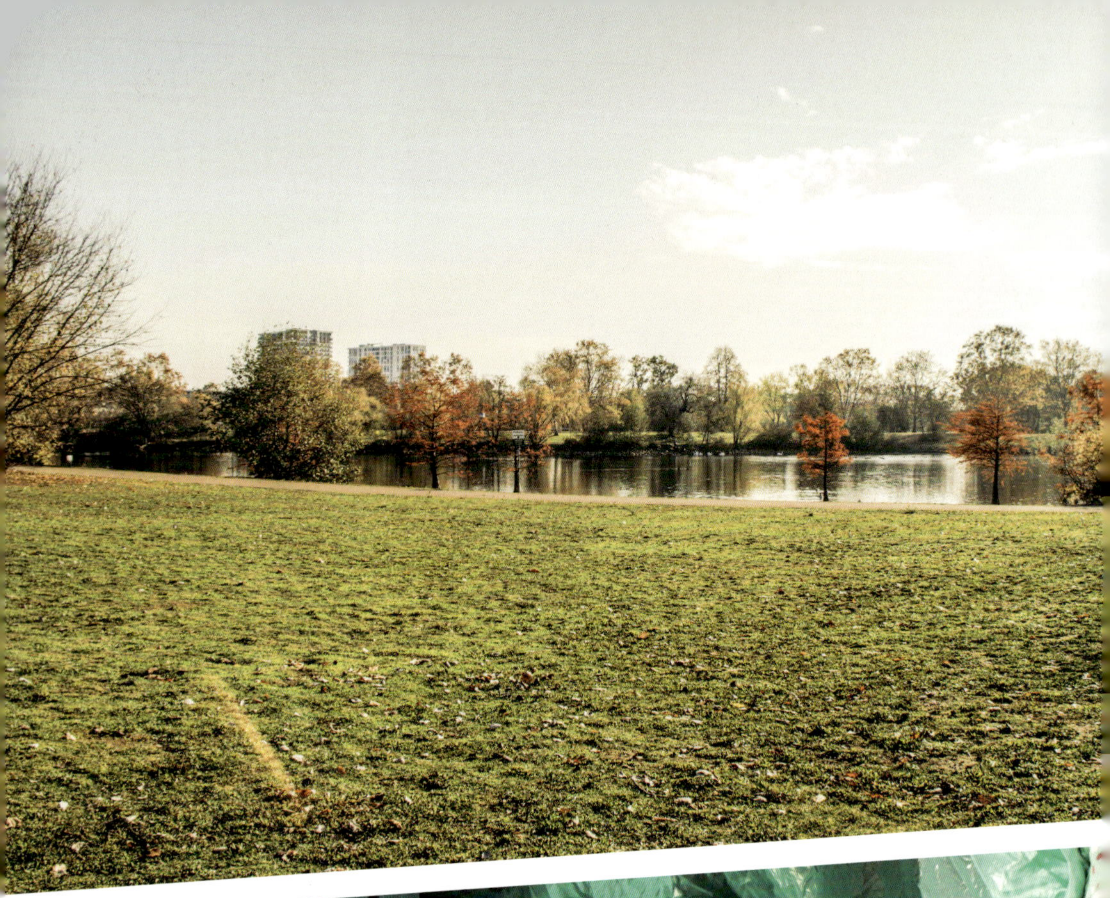

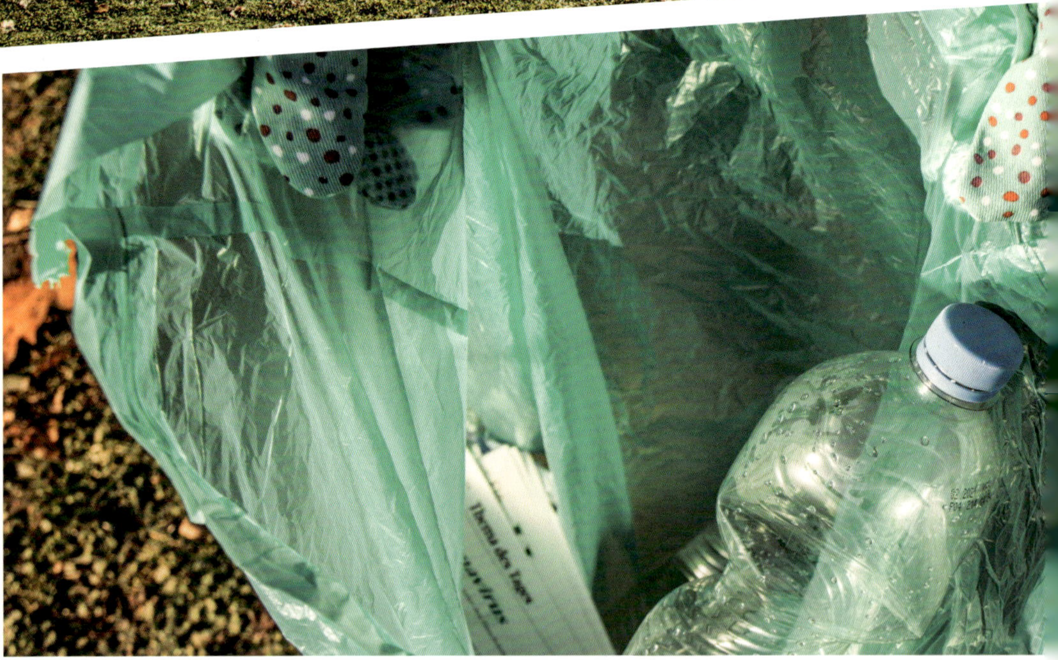
Thema des Tages

JOGGEN 2.0

≥ ... leider in ganz Frankfurt ≤

#10

Sportlich betätigen und dabei der Umwelt einen Dienst erweisen – das vereint die Trendsportart Plogging. Hierbei sammelt man während der Laufrunde den Müll ein, den andere achtlos liegen gelassen haben. Zurück bleibt das übliche Post-Workout-Glücksgefühl kombiniert mit einer Prise Weltverbesserung.

Um einen umgefallenen Abfalleimer in Seck-bach liegen Plastikflaschen verstreut. In einem Gebüsch nahe der Nidda steckt ein Pizzakar-ton im Geäst, umringt von Taschentüchern und Zigarettenstummeln. Die Wiesen am Mainufer sind drapiert mit Überbleibseln der letzten Picknick-Session. Und wer räumt das nun weg? Natürlich verfügt die Stadt Frankfurt über ei-nen gut ausgestatteten Entsorgungsbetrieb. Doch schnell sind die Abfälle vom Winde ver-weht oder haben sich ihren Weg in den Main gebahnt, bevor die Müllabfuhr anrückt. Also sind die Bewohner gefragt.

Das dachte sich auch der schwedische Um-weltaktivist Erik Ahlström. Um dem achtlos in der Umgebung zurückgelassenen Abfall den Kampf anzusagen, erfand er kurzerhand eine neue Sportart, die mittlerweile zum Trend avanciert ist. Die Rede ist von Plogging. Der Begriff setzt sich aus dem schwedischen Wort *plocka* – auf Deutsch sammeln – und Jogging zusammen. Dank der sozialen Medien ver-breitete sich die neue Sportart in Windeseile. Heute sind auf der ganzen Welt Plogger un-terwegs. Alleine, mit Plogging-Partner oder in einer Gruppe.

So rüstet man sich während seiner Laufrunde mit stabilen Handschuhen und einer Mülltüte aus und sammelt all den Müll auf, dem man be-gegnet. Richtet man seinen Fokus auf den her-umliegenden Abfall fällt einem leider schnell auf, wie viel Unrat das schöne Frankfurt ver-schandeln. Zugegeben, es verlangt zu Beginn etwas Überwindung, den Dreck anderer Men-

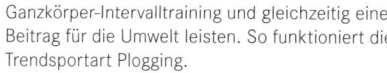

Ganzkörper-Intervalltraining und gleichzeitig einen Beitrag für die Umwelt leisten. So funktioniert die Trendsportart Plogging.

schen zu entsorgen. Wenn sich der Müllbeutel jedoch mehr und mehr füllt, entsteht schnell das Gefühl, einen wichtigen Beitrag für die Umwelt zu leisten.

Ganz nebenbei wird ein Intervalltraining für den ganzen Körper absolviert. Gut für das Herz-Kreislauf-System und auch Po, Rücken, Arme und Schultern werden intensiv gekräftigt. So wird die Jogging-Einheit noch effektiver. Je nach Tagesform kann man zwischen den Müll-Sammel-Stopps joggen oder walken. Letzteres wird auch gern »Plalking« genannt. Und auch wenn man das Plogging in einen Spaziergang integriert, ist viel geschafft – für den Körper und die Umwelt.

Ein paar Dinge gibt's dann aber noch zu beachten, bevor die Laufschuhe geschnürt werden. Um keine Verletzung an beispielsweise Scherben zu riskieren, streift man sich am besten stabile Handschuhe über. Außerdem empfiehlt es sich, beim Sammeln in die Knie zu gehen, anstatt sich aus dem Stand zu bücken. Das schont den Rücken.

Bevor die prall gefüllte Mülltüte ordnungsgemäß entsorgt wird, am besten in einer Tonne mit Deckel, fehlt nun noch ein Schnappschuss von dem Plogging-Ergebnis. Das wird mit entsprechendem Hashtag in die Social-Media-Welt geschickt, um möglichst viele Menschen zu animieren selbst aktiv zu werden.

FAZIT: ZWEI FLIEGEN MIT EINER KLAPPE SCHLAGEN: INTERVALLTRAINING UND DIE UMWELT SCHÜTZEN.

Hin & weg: Einfach am aktuellen Standort loslaufen oder sich eine Grünfläche vornehmen, z. B. den Rebstockpark

Beste Zeit: Im Frühling oder Herbst.

Dauer: 1–2 Std.

Ausrüstung: Sportkleidung, Müllbeutel und feste Handschuhe (z. B. Gartenhandschuhe).

DIE KRAFT DER NATUR

⊱ ... rund um den Jacobiweiher ⊰

#11

Wald und Wasser, eine verlockende Kombination. Im Stadtteil Sachsenhausen erwartet Feierabend-Ausflügler mit dem Jacobiweiher ein echter Augenschmaus. Ein Ort zum Krafttanken, Waldbaden und um im Herbst eine Dosis Indian-Summer-Feeling zu erleben.

Rund um den Jacobiweiher führen herrliche Pfade, wie gemacht zum Waldbaden. Wer mag, schlüpft aus den Schuhen und spaziert barfuß über die laubbedeckten Wege.

Über den raschelnden Blätterteppich um den Waldsee laufen. Kastanien sammeln und der Melodie des Waldes lauschen. Mutige streifen unterwegs die Schuhe von den Füßen und gehen den Pfad barfuß, üben sich in der Kunst des Waldbadens. Dieses intensive Erlebnis in der Natur ist in Japan bereits als Therapieform anerkannt. In hiesigen Breiten steckt das Waldbaden noch in den Kinderschuhen.

Viel braucht es gar nicht, bei diesem Spaziergang für die Sinne. Ein Stück heimischer Urwald, durch den man möglichst langsam und bewusst streift.

Ein besonderes Schmankerl für einen Waldbadeversuch verbirgt sich entlang des Grüngürtels im Frankfurter Stadtwald auf Sachsenhäuser Terrain. Hier liegt der Jacobiweiher friedlich im Wald. Mit einer Wasserfläche von

sechs Hektar ist er der größte See innerhalb des Frankfurter Stadtgebietes. Ein schöner Rundweg verläuft um das langgestreckte Stillgewässer. Zwischendurch überqueren Spaziergänger eine pittoreske Holzbrücke, und Sitzbänke mit Blick zum Weiher laden zum Päuschen ein. Wunderbar, um zu beobachten, was sich da alles auf der Wasseroberfläche tummelt. Mandarinenten lassen sich vorbeitreiben und präsentieren ihr buntes Gefieder. Auf der kleinen Weiherinsel haben es sich Elsterreiher gemütlich gemacht. Mit etwas Glück entdeckt man sogar einen Eisvogel, der vorbeiflattert. Bei Sonnenschein vergnügen sich nicht selten Rotwangenschildkröten auf Ästen beim Sonnenbaden.

Wieder in die Schuhe geschlüpft und den Rundweg fortgesetzt, warten noch allerlei Überraschungen entlang des Pfades. Da wäre

die Eule im schicken Norwegerpullover, die nur besonders aufmerksame Waldbadende entdecken, die ihren Blick auch mal ein, zwei Etagen höher wandern lassen. Noch mehr »Komische Kunst« – die ist übrigens im gesamten Grüngürtel verteilt – folgt schon bald. »Seit 300 Jahren pisst man mich an, ab heute piss' ich zurück«, heißt es frivol auf einem Schild vor einem Baum. Und tatsächlich, der Pinkelbaum plätschert munter. Allerdings wird das Wasserlassen wegen Einfriergefahr während der Winterzeit abgestellt.

Zum Abschluss lädt die Oberschweinstiege zum Genießen ein. An kühlen Tagen lässt es sich herrlich am Kamin aufwärmen, in den Sommermonaten lockt die Seeterrasse. Die Speisekarte bietet gutbürgerliche Landhausküche mit Pfiff. Auch die Kuchentheke ist nicht zu verachten.

FAZIT: EFFEKTIVES ACHTSAMKEITSTRAINING IM HEIMISCHEN URWALD – ALLERLEI KÜNSTLERISCHE ÜBERRASCHUNGEN UND GENUSSMOMENTE INKLUSIVE.

Hin & weg: Mit der Tram 17 Richtung Neu-Isenburg Stadtgrenze bis zur Haltestelle Oberschweinstiege.

Beste Zeit: An einem goldenen Herbsttag.

Dauer: 1,5–2,5 Std.

Ausrüstung: Fernglas für die Vogelbeobachtung und evtl. Geld für die Einkehr.

PFÜTZEN HÜPFEN

>‹ ... im Stadtwald ›‹

#12

Das Wetter zeigt sich von seiner nassen Seite? Umso besser. Denn was gibt es Herrlicheres als den Duft des Waldes bei Regen? Egal wie der Tag war, mit Gummistiefeln in Pfützen zu springen ist noch dazu ein absoluter Gute-Laune-Garant.

Auf Mission im Stadtwald: Wer entdeckt die größte Wasserlache, um mit Karacho reinzuspringen? Hineintänzeln ist auch erlaubt, mit einem Klassiker der Filmmusik auf den Lippen.

Es hat etwas Magisches, bei Regen durch den Wald zu spazieren. Dicke Tropfen perlen von den pfefferminzfarbenen Blättern. Die Luft ist wunderbar frisch. Eine friedliche Stille umgibt die Baumriesen. Das Moos leuchtet in einem satten Grün. Und dann dieser intensive und würzige Duft. Unverkennbar!

Eingepackt in Regenjacke und in die Gummistiefel geschlüpft, gilt es heute dem Schmuddelwetter zu trotzen. Die passende Location, um die gute Waldluft einzusaugen, findet sich an vielen Ecken Frankfurts.

Besonders schön ist die Atmosphäre an einem regnerischen Tag im Stadtwald. Über 5000 Hektar erstreckt sich die baumreiche Fläche, der Großteil davon innerhalb des Stadtgebietes. Zahlreiche Wege führen durch den heimischen Forst. Eine prima Anlaufstelle für eine kleine Pfützenwanderung sind die Pfade rund um das StadtWaldHaus im östlichen Teil des Stadtwaldes, dem Oberwald, der sich bis nach Offenbach erstreckt.

Viel zu entdecken gibt's hier rund um das StadtWaldHaus (stadtwaldhaus-frankfurt.de). Im Informationszentrum erfährt man allerlei Spannendes über den Wald und seine Bewohner. Einige davon kann man sogar im Außengelände beobachten. Denn in der Fasanerie leben Hirsche, Waschbären, Wildschweine, und sogar Greifvögel kann man hier erspähen. Außerdem ist auf dem Gelände eine Tierauffangstation für verletzte Wildtiere eingerichtet. Ein Erlebnispfad lädt dazu ein, die Sinne zu schärfen (besonders angesagt bei Juniorförstern) und im Waldladen kann man sich mit Köstlichkeiten eindecken, die der Wald so zu bieten hat.

Das StadtWaldHaus schließt unter der Woche um 16 Uhr seine Tore. Ein Abstecher in das Informationszentrum und die Fasanerie ist also nur etwas für den frühen Feierabend. Aber eigentlich ist man ja sowieso hier, um nach Pfützen Ausschau zu halten und durch den regennassen Wald zu spazieren. Unter den hohen Buchen und Eichen findet sich schon bald ein außerordentliches Exemplar einer Wasserlache. Also, Anlauf nehmen und – platsch! Das macht munter und weckt die Lebensgeister.

Das Hüpfen in Pfützen hat außerdem ein gewisses Suchtpotenzial. Einmal mit Karacho ins Wasser gesprungen, dass die Tropfen nur so fliegen, oder einfach nur mit den Gummistiefeln durch die Wasserflächen stampfen. Fortgeschrittene tanzen sich durch den verregneten Wald. Mit einem Klassiker der Filmmusik auf den Lippen.

Hin & weg: Mit der Straßenbahn 17 bis Oberschweinstiege.

Beste Zeit: Je nasser, desto lustiger.

Dauer: Schon 20 Min. durch den regennassen Wald sind die reinste Wonne.

Ausrüstung: Gummistiefel und Regenjacke oder Schirm.

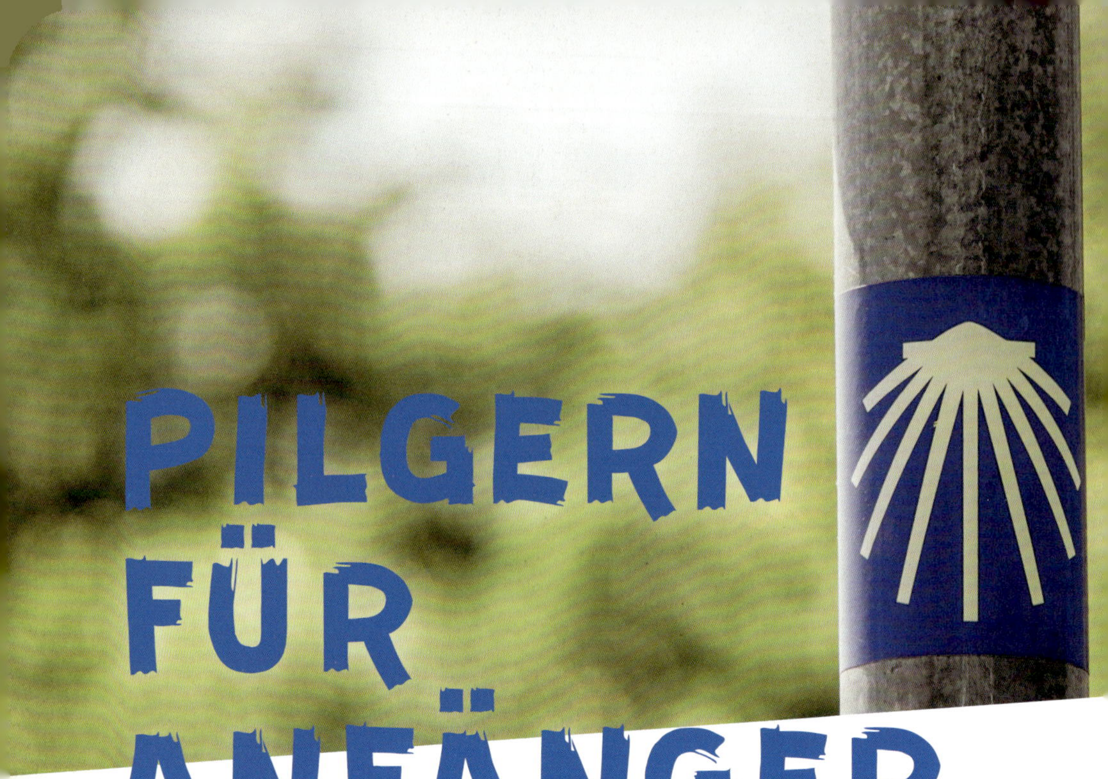

PILGERN FÜR ANFÄNGER

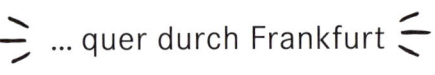

… quer durch Frankfurt

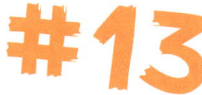

#13

Heute geht's immer der gelben Muschel nach, um sich einmal bescheiden in der Kunst des Pilgerns zu üben. Genau richtig für alle, die zum Feierabend eine Prise Abenteuer erhaschen möchten und sich nach dem Duft von Freiheit sehnen.

#immerderMuschelnach #querdurchFrankfurt #urbanpilgern

Santiago de Compostela ist das nächste Mal dran. Heute genügt die Kirche St. Mauritius in Schwanheim als Ziel.

Den Alltag hinter sich lassen. Sich auf das Wesentliche besinnen. Den Rucksack schultern und ganz nach dem Motto »der Weg ist das Ziel« der gelben Muschel auf marineblauem Grund folgen. So geht Pilgern. Wer sagt, dass man dafür Tage lang und bis ins spanische Santiago de Compostela wandern muss? Auch stundenweise kann man sich als Pilger versuchen. Noch dazu erspäht man nicht nur in Südeuropa das Symbol des Jakobweges an

Pfählen und Bäumen. Auch in Deutschland verlaufen Etappen des bekanntesten Pilgerpfades. Einer davon führt von Fulda nach Mainz und quert dabei das schöne Frankfurt.

Großer Vorteil des After-Work-Probelaufs: Es braucht weder besonderes Equipment noch Vorbereitung. Schließlich will man zur Tagesschau wieder zu Hause auf dem Sofa sitzen. Ein möglicher Startpunkt ist die

Die ersten Meter der Pilger-Eskapade führen von der St. Leonhardskirche über den Eisernen Steg.

St. Leonhardskirche unweit des Römers. Von hier stapft man los und läuft, bis die Füße müde sind. Passenderweise wird man bereits hier, an der spätromanischen Basilika, von drei Mitstreitern begrüßt. Die Bronzeskulptur »Drei Pilger« von Franziska Lenz-Gerharz steht hier seit 1989 und aus gutem Grund. Denn im Mittelalter diente die Kirche erschöpften Wanderern als Unterkunft.

Von den drei Herren mit Hut und Mantel Richtung Main wenden und den Eisernen Steg passieren. Auf der anderen Seite des Mains zunächst am Museumsufer entlangflanieren. Immer flussabwärts. Vorbei am Weltkulturen Museum, dem weltberühmten Städel und der historischen Villa, die das Liebieghaus samt Skulpturensammlung und gemütlichem Café (Eskapade #30) beherbergt. Stets im Blick: Der Westhafen Tower, der wie ein überdimensionales »Geripptes« daherkommt.

Bald schon ist Niederrad erreicht. Linker Hand die Universitätskliniken. Rechter Hand verführt das LILU mal kurz den Pilgerweg zu verlassen. Im Winter bleibt das Licht- und Luftbad geschlossen. Einen Blick auf das Hausboot MS Heimliche Liebe kann man aber trotzdem werfen. Allerdings ist etwas Vorsicht geboten: In der Dämmerung wird das Tor am Parkplatz verschlossen.

Weiter pilgernd, gibt's vor der Alten Niederräder Brücke eine gute Stelle für den Ausstieg.

Die mit Liebesschlössern verzierte Fußgängerbrücke überquert, pilgert man entlang des Museumsufers.

Nach links abgebogen, wartet der Bahnhof Niederrad in 15 Gehminuten Entfernung. Des Laufens noch nicht müde? Dann weiter des Weges, immer am Main entlang bis nach Schwanheim. Kurz nach der Staustufe Griesheim lockt das Restaurant Zum Nussbaum mit polnischer Küche. Wer des Gehens noch immer nicht überdrüssig ist, folgt weiter dem Mainweg und erreicht an der Kirche St. Mauritius nach 8,5 Kilometern das Etappenziel.

Hin & weg: Für den Start an der St. Leonhardskirche mit der S-Bahn zur Hauptwache oder der U-Bahn bis Dom/Römer. Am Ende der Pilgertour sind gute Ausstiegsoptionen in Niederrad oder Schwanheim. Zurück ins Zentrum geht's am Bahnhof-Niederrad oder man nimmt in Schwanheim die Tram 12.

Beste Zeit: Zu jeder Jahreszeit ein Vergnügen. Pilgern ist sogar wintertauglich.

Dauer & Strecke: Die 8,5 km von der Leonhardskirche bis St. Mauritius pilgert man ohne Pause in etwa 2 Std. Die gesamte Strecke des Jakobweges durch Frankfurt gibt's auf www.jakobswege-europa.de/wege/fulda-mainz.htm

Ausrüstung: Bequeme Schuhe und ein Rucksack mit Wasser und Proviant.

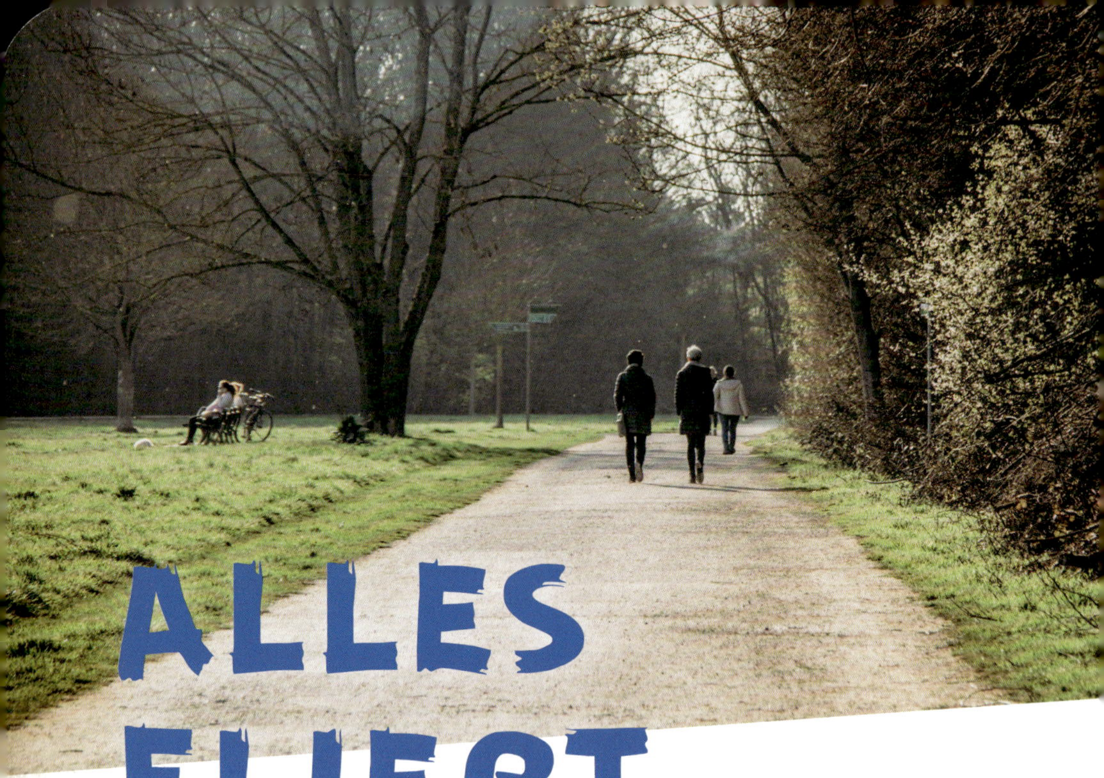

ALLES FLIEẞT

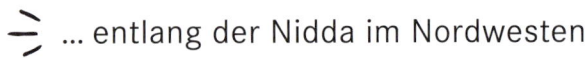

… entlang der Nidda im Nordwesten

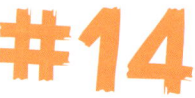

#14

Man nehme einen Wintertag, würze ihn mit Sonne und milden Temperaturen und gebe eine ordentliche Portion Grün sowie Natur in flüssiger Form hinzu. Fertig ist der perfekte After-Work-Spaziergang.

#Flussflaneur #Wintersonne #vonParkzuPark

Steter Begleiter beim
Spaziergang vom Niddapark
zum Brentanopark: die Nidda.

»Immer der Nidda nach« lautet das Motto dieser entspannten Eskapade, die wie gemacht ist für einen sonnigen Wintertag. Besonders im Früh- oder Spätwinter kann man die letzten Sonnenstunden des Tages prima nutzen, um ganz gemächlich – oder je nach Gusto auch mit etwas mehr Tempo - der Nidda zu folgen.

In Frankfurts größter Grünanlage beginnt der heutige Spaziergang. Im beliebten Niddapark – auch bekannt als Volkspark Niddatal – wird von hier auf 4,5 Kilometern bis hinein in den Brentanopark in Rödelheim flaniert. Verlaufen ist hierbei vollkommen unmöglich, denn man folgt einfach der Nidda flussabwärts. Übrigens führen gleich zwei überregionale Wanderwege durch den Niddapark: der Europäische Fernwanderweg E1 und der Frankfurter Elisabethpfad. Heute genügt aber ein kurzer und knackiger Spaziergang.

Angekommen im Niddapark, ein guter Einstieg ist die gleichnamige U-Bahnhaltestelle, empfängt einen sogleich die weitläufige Wiesen-

Mit etwas Glück kann man im Spätwinter die ersten Waldorchideen unweit der U-Bahn-Station Niddaprk bewundern. Kurz darauf treffen Spaziergänger auf den zweitgrößten Fluss Frankfurts.

landschaft, durch die sich zahlreiche Pfade schlängeln. Je nachdem, welchen Weg man wählt, gelangt man zu Bouleplätzen, zu Liegewiesen oder zu der Gaststätte im Niddapark, die ihre Gäste mit deftiger Hausmannskost, frischen Salaten und Kuchen verwöhnt. Anschließend steuert man das Praunheimer Nachtigallwäldchen an, wo schon kurz darauf die Nidda erreicht ist, die einen von nun an begleitet.

Ursprünglich wurde der Park im Rahmen der Bundesgartenschau 1989 realisiert. Das Projekt, bei dem Norfried Pohl aus Berlin mit dem Motto »Natur in der Stadt« überzeugte, erwies sich schnell als wirtschaftlicher Misserfolg. Es folgte der Rückbau, bevor der Park für Besucher geöffnet wurde. An die Bundesgartenschau erinnern heute nur noch die Lindenallee, die Bastionen und der Wasserspielpark.

Weiter geht's mit dem Spaziergang, langsam den Niddapark verlassend, aber stets mit dem Plätschern des Wassers in den Ohren. Hinter dem Brücken Café wird die Praunheimer Landstraße überquert und von nun an dem linken

Flussufer die Treue gehalten. Auch am Rande des Stadtteils Hausen, vorbei am Treutengraben, spaziert es sich außerordentlich gut.

Die Unterführung der A66 nehmend, noch immer begleitet von der Nidda, kündigt sich die letzte Etappe an. Bald schon tut sich das großzügige Brentanobad vor einem auf und dahinter der Park, benannt nach dem Geschäftsmann Georg Brentano. Der Frankfurter kaufte 1808 das Gelände samt Landhaus und hieß berühmte Persönlichkeiten, wie die Gebrüder Grimm, willkommen.

Heute zählt der Brentanopark mit seinen Brücken, die sich von einem Ufer der Nidda zum nächsten strecken, und dem romantischen Petrihäuschen, das seinen Platz gleich neben dem Nidda-Wehr hat, zu den idyllischsten Kleinoden der Stadt.

Hin & weg: Einstieg ab U-Bahnhaltestelle Niddapark, die von der U1 und der U9 bedient wird. Vom Brentanopark mit der U7 ab Haltestelle Fischstein zurück in die Innenstadt.

Beste Zeit: An einem sonnigen Tag im Früh- oder Spätwinter.

Dauer & Strecke: Etwa 1–1,5 Std. für 4,5 km.

Ausrüstung: Bequemes Schuhwerk.

Übrigens: GPX-Download auf Seite 229.

GIPFEL-GLÜCK

>- ... auf dem Lohrberg -<

Kaum etwas lässt die Glücksgefühle so in die Höhe schießen, wie einen Berg zu besteigen und sich, schnaufend oben angekommen, über getane Ertüchtigung und die Aussicht zu freuen. Aber Berge erklimmen in Frankfurt, geht das überhaupt? Na klar, nichts wie hinauf auf den Lohrberg.

Auch im Winter vermag die Aussicht vom Lohrberg zu verzaubern: Skylinepanorama in magisches Licht getaucht.

Ein Winterabend auf dem Lohrberg. Der letzte Weinberg innerhalb des Stadtgebietes sieht zugegebenermaßen zu dieser Jahreszeit trostlos aus. Das Wasser im Wasserspielbecken wurde schon vor Monaten abgelassen. Nicht einer Frisbeescheibe, die durch die Luft saust, muss man ausweichen. Stattdessen umgibt den Frankfurter Hausberg eine friedliche Stille. Die Luft ist frisch und klirrend kalt. Die Wangen rosig und das Licht magisch.

Eine Thermoskanne mit Glühwein im Gepäck geht's am späten Nachmittag in luftige Höhen. Viele Wege führen auf den Lohrberg. Einer der schönsten beginnt im Stadtteil Seckbach. Von der Bushaltestelle Draisbornstraße geht's durch das beschauliche Viertel. Vorbei an ro-

mantischen Fachwerkhäuschen bringt einen ein schmaler Pfad am Ende der Alsfelder Straße in den Lohrpark. Bis man oben angekommen ist, geht's zunächst stramm bergauf. Am Ehrenmal für die Gefallenen der Weltkriege gerne eine kurze Verschnaufpause einlegen, bevor es unterhalb des Weinbergs die letzte Etappe hinaufzukraxeln gilt.

Wer den Blick nach hinten wendet, erspäht bereits die Spitze des Europaturms und des Messeturms, der unter Frankfurtern den Namen »Bleistift« trägt. Dann endlich, die letzten Stufen erklommen, ist man auf 185 Metern Höhe angekommen. Und schon setzt es ein, das selige Glücksgefühl. Den Blick über die Mainmetropole schweifen lassend, die von

Oben angekommen: Was an ein Gipfelkreuz erinnert, ist das Ehrenmahl für die Gefallenen der Weltkriege.

hier oben wie einer Modeleisenbahnlandschaft entsprungen scheint, erholt man sich für einen Augenblick.

Der richtige Platz, um die Tassen mit Glühwein zu füllen, ist schnell gefunden. Oberhalb des Weinbergs laden Bänke zum Sitzen ein. Auf eines ist nämlich Verlass: Der Blick auf die Skyline ist im Winter mindestens so malerisch wie zu jeder anderen Jahreszeit. Und während man an der zweiten Tasse nippt, kommen einem die ersten Zeilen des Lohrberg-Gedichts eines leider unbekannten Verfassers über die Lippen: »Wenn ich so auf dem Lohrberg steh un laß mei Blicke schweife, guck in die Fern und in die Näh, da kann ich schon begreife, daß des in Frankfurt ganz gewiß eins von de schönste Flecke is.«

FAZIT: EINE KLEINE AUSPOWER-SESSION, TRAUMHAFTE AUSSICHT INKLUSIVE.

Hin & weg: Von der Konstablerwache mit der U4 bis zur Seckbacher Landstraße. Weiter mit Bus 43 bis zur Draisbornstraße. Zurück geht's auf derselben Strecke.

Beste Zeit: Sonniger Wintertag mit der Aussicht auf ein abendrotes Skylinepanorama.

Dauer: 1–1,5 Std. für Aufstieg und Glühweingenuss.

Ausrüstung: Bequeme Schuhe, Glühwein oder Tee, Taschenlampe. Der Weg zwischen Seckbach und dem Lohrpark ist an manchen Stellen ziemlich duster.

PLAUDERN
UND GENIEßEN

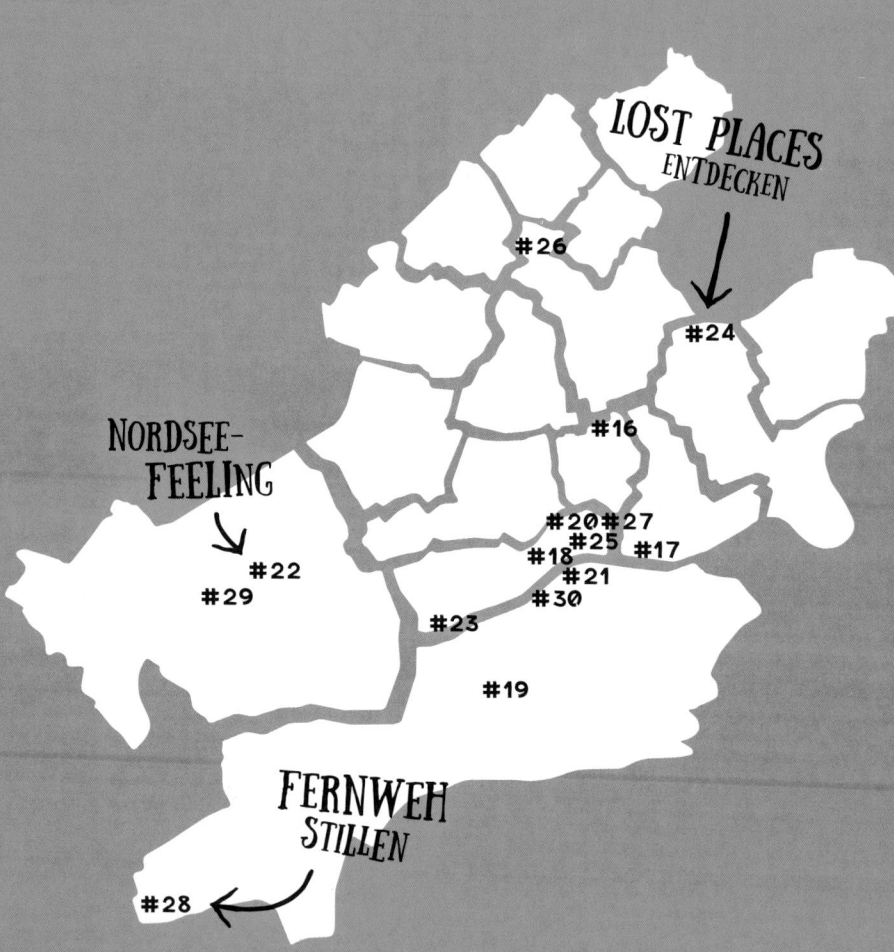

LOST PLACES
ENTDECKEN

#26

#24

#16

NORDSEE-
FEELING

#20 #27
#25
#18 #17
#22
#21
#29
#30

#23

#19

FERNWEH
STILLEN

#28

Den Tag Revue passieren lassen

Geheime Oasen der Stadt aufspüren, einmal um die Welt schlemmen und im Grünen die Akkus aufladen. Für ein paar Stunden die Sinne mit neuen Eindrücken verwöhnen – am liebsten mit Freunden oder Kollegen.

SAVOIR VIVRE

⋝ ... im Günthersburgpark im Nordend-Ost ⋜

#16

*Was es mit der »Dame im Schwimmring«
und »Stoffel« auf sich hat und warum die
Feierabendstunden wie gemacht sind, um
eine Dosis französisches Lebensgefühl
zu genießen? Die Antworten warten im
Schatten der Platanen und Linden im
Günthersburgpark.*

#Pétanque #Sommerfreuden #unterPlatanen #Stoffel

Weitläufige Wiesen und im Hintergrund der Ort, der vor allem Kids verzückt: die Wasserspiele des Günthersburgparks.

Im Mittelalter soll die Bornburg auf dem Gelände des Parks im östlichen Nordend gethront haben. Der Name Günthersburg geht auf den späteren Besitzer, Johann Jacob Günther, zurück, der das Areal 1690 kaufte. Während des Dreißigjährigen Krieges soll der Frankfurter Gastwirt als Heereslieferant zu Reichtum gelangt sein. In den nächsten Jahrhunderten folgten einige Besitzerwechsel, bis Carl Mayer von Rothschild das Anwesen 1837 erwarb.

Die alte Günthersburg wich einem Sommerpalais der Bankiersfamilie, der Villa Günthersburg. Um den Palast ließ er einen englischen Landschaftsgarten anlegen. Als Carl Mayer von Rothschild ohne Nachkommen im Jahr 1886 das Zeitliche segnete, vererbte er der Stadt das Anwesen samt Park. Testamentarisch wurde festgelegt, dass der Park für die Öffentlichkeit zugänglich gemacht werden

sollte. Das Palais aber sollte abgerissen werden. So wurde der Günthersburgpark nach einer Neugestaltung des Gartenarchitekten Andreas Weber 1892 als Volkspark eröffnet. Auch heute laden die großen Wiesenflächen zum Picknick im Schatten der Bäume ein.

Im Sommer klingt ein freudiges Kinderlachen durch den Park. Ort des Vergnügens ist der Wasserspielplatz, wo aus der »Dame mit Schwimmring« und ihren steinernen Nachbarskulpturen Fontänen kühlen Nasses in die Höhe spritzen. Aber nicht nur für die Kleinen ist ein schönes Spiel-und-Spaß-Angebot im Günthersburgpark geboten. Alljährlich wird in den Sommermonaten beim »Stoffel«, ein fulminantes Kulturspektakel auf dem Gelände aufgefahren. Vier Wochen lang gibt's ein feines Potpourri aus Theater, Musik, Kabarett und Lesungen zu bewundern.

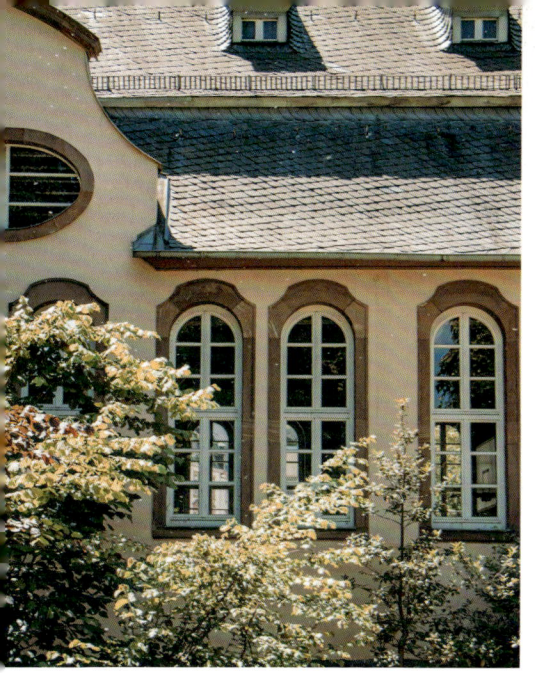

Zwischen den Boule-Partien lässt es sich wunderbar durch den Park flanieren oder man verköstigt sich im Park Café.

Außerhalb der Stoffel-Zeit kann man sich wunderbar in der Kunst der Pétanque üben. Über den Ursprung der Kugelsportart wird gern spekuliert. Nachgewiesen ist, dass bereits in der Antike griechische Ärzte zum Spiel mit Steinkugeln rieten, sogar Hippokrates soll einer von ihnen gewesen sein. Man lobte die wohltuende Wirkung auf die Wirbelsäule und die Gelenke. Heute verkörpert Pétanque auch ein Stück französischer Lebensart.

Der feine, ebene Kiesboden entlang der Platanenallee, vor dem Portal der Orangerie, ist wie gemacht zum Boulen. Na, wer vermag es, sich dem »Schweinchen« mit dem geringsten Abstand zu nähern oder gar anzuschmiegen? Das Verlierer-Team gibt einen aus. Am liebsten eine Runde Äppler, den gibt's im Café des Parks, nur einen Katzensprung von der Orangerie entfernt.

Hin & weg: Mit Straßenbahn 12 bis Haltestelle Günthersburgpark.

Beste Zeit: Von Frühling bis Herbst. An kalten Tagen gibt's im Park Café Glühwein.

Dauer: Ab 1 Std bis open end.

Ausrüstung: Boulekugeln, Picknickdecke, Bargeld für Getränke und Snacks.

SCHIFF AHOI!

≥ ... am Main ≤

#17

Wer selbst gerade nicht verreisen kann, der findet Freude daran, anderen auf ihrer Reise zuzusehen. Am Flughafen, dem Hauptbahnhof oder mit etwas weniger Gewusel am Wasser. Eine Auswahl der schönsten Spots, um Schiffen nach- zusehen und sich in die Ferne zu träumen.

Leinen los und auf große Fahrt gehen, das wär's jetzt. Auch schön: Den vorbeischippernden Kähnen, Gondeln und Segelbooten vom Ufer aus zusehen.

Auf rund 25 Kilometern schlängelt sich der Main durch Frankfurt. Der Fluss, der Mainhatten erst seine einzigartige Liebenswürdigkeit verleiht. Entlang des Ufers – sowohl »hibb de bach« als auch »dribb de bach« – laden zahlreiche Orte zum Verweilen und Entspannen ein.

Auch eine Beschäftigung, die zu jeder Jahreszeit Freude bereitet, lässt sich am Main wunderbar ausüben: den vorbeischippernden Kähnen nachsehen. Bei jedem Dampfer, dem man hinterherblickt, schwingt eine Prise Melancholie mit. Auf welcher Reise mag das Schiff wohl gerade sein und wo wird es als Nächstes vor Anker gehen?

Ein idyllischer Spot, um sich des Träumens von einer Karriere auf der Schiffsbrücke oder in der Kombüse hinzugeben, ist die Weseler Werft. In der Nähe der EZB prägen hier zwei denkmalgeschützte Kräne die Kulisse. Übrigens schippern nicht nur imposante Kähne über den Main. Schiffe in allen Größen und Formen sieht man hier. Da wären Segelboote, Motorjachten und auch Ruderer nutzen das Gewässer als Outdoor-Gym. Und ja, sogar eine Gondel mit samtenen Sitzen, wie man sie nur in Venedig vermuten würde, hat man schon an den Bankentürmen vorbeigleiten sehen.

Nah genug dran, um der Besatzung zu winken, ist man auf Höhe der Honsellbrücke, wo das Wasser mit rhythmischen Bewegungen an den Stufen leckt. Alljährlich begeistert hier die Sommerwerft Besucher bis weit über die Stadtgrenze hinaus mit dem internationalen Tanz- und Theater-Festival.

Hier an der Weseler Werft findet ihr auch das perfekte Lokal für den Feierabend-Sundow-

ner: Das Oosten (www.freigut-frankfurt.com/oosten-frankfurt) – mit einem der schönsten Skyline-Ausblicke in ganz Frankfurt.

Auf der Sachsenhäuser Seite lockt das Maincafé mit Liegestühlen und Bierbänken, den Abend am Wasser ausklingen zu lassen. Einen Katzensprung weiter gibt's bei Meral's Imbiss – dem legendären Dönerboot (Eskapade #21) – allerlei türkische Spezialitäten.

Wo ließe sich stilechter vorbeituckernden Schiffen nachsehen, als wenn man selbst auf einem sitzt?! Das geht prima etwa 800 Meter weiter nahe der Alten Brücke im Yachtclub. Zur warmen Jahreszeit kann man sich an Deck die Sonne ins Gesicht scheinen lassen und sich bei erfrischenden Drinks und leckeren Tapas sanft durchschaukeln lassen. Was will man eigentlich me(e)hr?

FAZIT: SEEMANN- UND SEEFRAU-FEELING VOM FEINSTEN. DAFÜR BRAUCHT MAN NICHT AN DIE KÜSTE – FRANKFURT AM MEER TUTS AUCH.

Hin & weg: Viele Wege führen zum Main. Zur Weseler Werft geht's fußläufig via Zobelstraße oder zum Ostbahnhof/Sonnemannstraße.

Beste Zeit: Am schönsten mit der Aussicht auf einen spektakulären Sonnenuntergang.

Dauer: Ab 1 Std.

Ausrüstung: Wer einen Blick auf die Weste des Kapitäns erhaschen möchte, bringt ein Fernglas mit.

OASE GEFUNDEN

≳ ... im Hotel Nizza im Bahnhofsviertel ≲

#18

Das Bahnhofsviertel ist unbestritten der spannendste Stadtteil Mainhattans. Nirgendwo sonst erlebt man so viele Kontraste auf einem Fleck. Mitten im kulturellen Trubel liegt aber auch ein kleiner Ruhepol. Perfekt für einen Plausch mit Freunden, wie an der Côte d'Azur. Salut, Nizza!

Im Hotel Nizza kommen nicht nur Liebhaber von Dachterrassen ins Schwärmen.

Inmitten des Bahnhofsviertels, umgeben von Rotlichtmilieu und internationalen Restaurants, verbirgt sich eine wahre Oase, wie man sie wohl kaum in dieser Ecke Frankfurts vermuten würde. Hier, in den zu jeder Tages- und Nachtzeit hektischen und lauten Straßen direkt vor dem Entree zur Stadt, dem Frankfurter Hauptbahnhof.

Prachtvolle Altbauten nach Pariser Vorbild reihen sich entlang der Kaiserstraße, dazwischen triste Nachkriegsbauten. Von der Flaniermeile in die Elbestraße abgebogen, wirkt, vor der Hausnummer 10 stehend, das Hotel Nizza fast unscheinbar. Dabei befindet sich hinter der Fassade ein wahres Juwel. Wenn man es genau nimmt, gibt's sogar zwei Kostbarkeiten zu entdecken. Die erste erspäht man im Erdgeschoss gleich hinter der Rezeption. Ein zauberhafter Innenhof. Lichterketten schmücken die Backsteinwände. Klappstühle um mosaikverzierte Tische laden zum Verweilen ein.

Das wunderbarste an dem idyllischen Patio: Nicht nur Hotelgäste dürfen in diesem herrlichen Ambiente eine Tasse Kaffee oder ein Glas Wein genießen. Auch Außer-Haus-Gäste sind willkommen.

Als wäre der Innenhof nicht schon Grund genug für einen Freudentaumel, wartet der eigentliche Schatz vier Stockwerke mit dem Aufzug und eine Etage zu Fuß höher darauf, entdeckt zu werden. Die Dachterrasse, die ihre Besucher – besonders beim ersten Betreten – gern sprachlos zurücklässt.

Ebenso wie der Innenhof ist der Dachgarten des Hotels liebevoll hergerichtet. Unzählige bunt zusammengewürfelte Pflanztöpfe mit

Hoch oben, in Augenhöhe mit den Bankentürmen chillen oder lieber im idyllischen Innenhof?

blühenden Kräutern und Gewächsen, dazwischen Laternen und gemütliche Sitzmöbel.

An heißen Sommertagen spendet ein Schirm Schatten. Mit etwas Glück weht sogar an Tagen, an denen die Luft in den Straßen zu stehen scheint, eine angenehme Brise – und dann dieser Blick. Aug in Aug mit den Bankentürmen steht man hier oben, die Stadt zu seinen Füßen, und verliebt sich vielleicht nochmal ganz neu in das wunderbare Frankfurt, das immer

wieder zu überraschen vermag. Ein Sperlingspärchen findet die Dachterrasse des Hotels ebenso famos wie wir und baut emsig ein Nest für den Nachwuchs. Mit Gräsern im Schnabel schlüpfen die Vögel im Minutentakt unter das Dach des Notausgangs.

Das perfekte Unterhaltungsprogramm, während man auf der Holzbank entspannt und an einem kühlen Glas Grauburgunder nippt. *À ta Santé, Francfort!*

Hin & weg: Alle Wege führen zum Hauptbahnhof. Von hier sind es nur wenige Fußminuten zum Hotel Nizza in der Elbestraße 10.

Beste Zeit: Im Hochsommer. Öffnungszeiten unter www.hotelnizza.de

Dauer: 1–1,5 Std.

Ausrüstung: Geld für Drinks.

FAZIT: GIBT ES EINEN SCHÖNEREN ORT, UM LAUE SOMMERABENDE ZU ZELEBRIEREN?

EIN RUHIGES PLÄTZCHEN

... am Tiroler Weiher im Stadtwald

#19

Am Tiroler Weiher lässt es sich herrlich den Klängen der Natur lauschen oder gemütlich zum Feierabend zusammensitzen. Beruhigende Aussichten gibt's noch dazu – und eine gold-glänzende Skurrilität. Na, wer entdeckt die Jupitersäule, auf der ein Fantasiewesen mit Flügeln und Schweinsnase thront?

Beschauliches Kleinod, in dem es so manche Skurrilitäten zu entdecken gibt – wie die in Tracht gekleideten Skulpturen an der Treppe zum Tiroler Weiher.

Eine ganze Reihe idyllischer Wasserlandschaften hat Frankfurt am Main zu bieten. Da wären die Nidda, der Jacobiweiher (Eskapade #11) und allen voran der Main, die Lebensader der Stadt. Allesamt beliebte Orte, die man leider zu keiner Tageszeit ganz für sich allein genießt. Mitunter teilt man Flüsse und See mit zahlreichen bis unzählbaren Städtern, die ihrem Tag ebenso grandiose Momente am Wasser bescheren wollen.

Wer sich nach einem abgeschiedeneren Fleckchen im Grünen sehnt, muss in der trubeligen Metropole meist etwas suchen. Fündig wird man im Stadtwald. Unweit des Stadionbades und nordwestlich des StadtWaldHauses ruht pfefferminzgrün der Tiroler Weiher. Umrahmt von dichter, urwüchsiger Natur. So viel Friedlichkeit strahlt der Ort aus, da drückt man gern das eine oder andere Auge zu, wenn mal wie-

der ein Flugzeug lautstark Kurs auf den nahegelegenen Flughafen nimmt.

Um das glitzernde Stillgewässer verläuft ein schmaler Pfad, der zu einer kurzen und knackigen Safari einlädt. Wer erspäht sie zuerst, die Big Five des Stadtwaldes? Damwild ist hier heimisch, außerdem Wildschweine, der Rotfuchs und zahlreiche Vogelarten wie der Waldkauz, der Schwarzmilan und der Graureiher. Mit der vielen Natur in seiner flüssigen Form fühlen sich außerdem Kröten und Frösche pudelwohl am Tiroler Weiher und geben in den Abendstunden gern ein klangvolles Konzert. Dagegen haben häufig sogar die direkt über den Köpfen hinwegdonnernden Flieger nichts zu melden.

Am westlichen Ufer rufen große Steinbänke zum Niederlassen. Über einem biegen sich

die Baumkronen im Wind. Auf dem Weiher schwimmt eine Gänsefamilie vorüber und eine Libelle schwirrt über die Wasseroberfläche. Nie ist man der Einzige, der den freien Blick auf den Weiher genießt. Denn ein halbes Stockwerk höher schaut das goldene Grün-Gürtel-Tier von einer sandsteinernen Jupitersäule in die Flora.

Das Fantasiewesen ist das Werk des Bildhauers Andreas Rohrbach. Zwei weitere Skulpturen des Künstlers wachen über den »Eingang« zum Tiroler Weiher, an der breiten Treppe, die zum Gewässer führt. Gekleidet in Tiroler Tracht, erinnern die Figuren mit einem Augenzwinkern an die Bundestruppen, die sich hier im 19. Jahrhundert im Schießen übten. Dann doch lieber donnernde Flugzeuge anstelle von Gewehrkugeln. Über ein Froschkonzert am Weiher geht aber nichts.

FAZIT: ROMANTISCHES GEWÄSSER, DIE MELODIE DER NATUR UND »KOMISCHE KUNST«. EIN KLEINES, ABER FEINES PARADIES IM STADTWALD.

Hin & weg: Mit Tram 21 bis Sachsenhausen-Stadion oder Bus 61 bis Stadionbad.

Beste Zeit: Frühling bis Herbst.

Dauer: Ab 1 Std.

Ausrüstung: Mückenspray, Fernglas.

URBAN KNEIPPEN

≥ ... an der Alten Oper ≤

Wenn das Thermometer die 30-Grad-Marke überschreitet, hilft zum Feierabend allein eins: eine kühle Erfrischung. Auch wenn dabei diesmal »nur« die Füße abtauchen. Dafür planscht und plaudert man in historischer Kulisse.

Es gibt Orte in Mainhattan, die bringen selbst alteingesessene Frankfurter zum Schwärmen. Die Mainpromenade ist so einer, genauso wie der Bethmannpark mit dem angrenzenden Chinesischen Garten (Eskapade #32), der seine Besucher in ferne Länder zu entführen vermag. Auch der Opernplatz lässt bei vielen Locals, auch nach vielen Jahren des Vorbei-schlenderns, das Herz höherschlagen.

Zweifellos zählt die Frankfurter Oper zu einem der schönsten Gebäude der Stadt. 1873 bis 1880 erbaut, wurde das Veranstaltungshaus im Oktober 1880 mit Mozarts »Don Giovanni« eröffnet. Auch der deutsche Kaiser Wilhelm I. war damals zu Gast. Seine Worte beim Betre-ten des Treppenhauses, den Blick in die Höhe schweifend, sollen »Das könnte ich mir in Ber-lin nicht erlauben« gewesen sein. Spätestens wenn man die Stufen vor dem Opernhaus hinaufschreitet und unter den Arkaden in das Foyer tritt, fühlt man sich selbst von einer Art glamourösem Zauber umgeben. Zahlreiche Uraufführungen wurden bereits in den Sälen hinter den Fassaden im Stil der italienischen Renaissance zelebriert. Darunter Carl Orffs »Carmina Burana«.

Während des Zweiten Weltkrieges wurde das Opernhaus mehrmals stark beschädigt, so-dass keine Aufführungen stattfinden konnten. An eine Instandsetzung war während des Krie-ges zunächst nicht zu denken. Fast drei Jahr-zehnte sollte sich die Diskussion um den Wie-deraufbau hinziehen. »Rettet das Opernhaus« zierte in den 1950er-Jahren ein Transparent die Ruine. Bürgerinitiativen riefen zu Spenden auf, um das kostbare Frankfurter Kulturgut zu bewahren. Doch das gesammelte Geld reichte hinten und vorne nicht.

Schuhe aus und die Füße ins kühle Nass tauchen.
Eine Eskapade für heiße Feierabendstunden.

Maßgeblich daran beteiligt, dass die Oper doch noch gerettet werden konnte, war die Bürgerinitiative Aktionsgemeinschaft Opernhaus Frankfurt am Main e. V. Frankfurter Bürger und Vertreter aus Wirtschaft und Kultur sammelten genügend Geld für Reinigungs- und Erhaltungsmaßnahmen und den Wiederaufbau. Im Dezember 1978 feierte man schließlich Richtfest der neuen Alten Oper.

Kaum auszudenken, wenn Frankfurt auf dieses Wahrzeichen und Kulturgut hätte verzichten müssen. Höchstwahrscheinlich würde in diesem Fall auch der Lucae-Brunnen nicht den Opernplatz schmücken. Ein äußerst beliebtes Fleckchen an heißen Sommertagen. Denn bei einer leichten Brise sprüht die hohe Fontäne eine angenehme Erfrischung auf vorbeiflanierende Spaziergänger.

Noch besser: Einen Moment auf dem Brunnenrand verweilen und mit den Füßen im herrlich kalten Wasser planschen. Oder die Hosen hochkrempeln und durch das Becken des Brunnens waten. Das wirkt wie eine Mini-Kneipp-Kur, die ja bekanntermaßen eine gesundheitsfördernde Wirkung hat. Das Wassertreten regt den Kreislauf und den Stoffwechsel an und fördert die Durchblutung. Sogar bei Migräne soll sich eine Kneipp-Anwendung positiv auswirken. Wer seine Kneipp-Kur auf die Abendstunden legt, der soll noch dazu besser in den Schlaf finden. Genau richtig also für heiße Sommertage und nirgends schöner auszuüben als in der geschichtsträchtigen Kulisse des Lucae-Brunnens.

FAZIT: ENTSPANNTE WELLNESS-MOMENTE NACH FEIERABEND AUF EINEM FRANKFURTER LIEBLINGSPLATZ.

Hin & weg: Mit U6 oder U7 bis Alte Oper.

Beste Zeit: An einem heißen Hochsommertag.

Dauer: Schon nach einem Fußbad von 10 Min. setzt Entspannung ein.

Ausrüstung: Nada.

WIE AM BOSPORUS

 ... beim Dönerboot am Mainufer

#21 Der Kühlschrank zu Hause zeigt gähnende Leere? Macht nix. Dann geht's zum Essen heute eben auswärts. Genauer gesagt, zu Meral's Imbiss. Serviert werden türkische Spezialitäten in kultiger Kulisse.

Am Sachsenhäuser Ufer ankert die **Istanbul**, besser bekannt als »Dönerboot«.

Ein Hauch von Bosporus versprüht ein ehemaliges Marineschiff am Sachsenhäuser Mainufer. Während in Istanbul Fischerboote schaukeln, ankert auf Höhe des Weltkulturen Museums und nahe des Eisernen Stegs das legendäre Dönerboot, getauft auf den Namen *Istanbul*. Der offizielle Name des schwimmenden Lokals lautet Meral's Imbiss und das befindet sich auf einem etwa 60-jährigen Dampfer.

Seit dem Jahr 2004 werden hier türkische Köstlichkeiten kredenzt. Nebenbei profitieren nicht nur Landgänger von dem Dönerboot. Auch vorbeischippernde Boote können sich von der Verkaufsstelle auf Flussseite direkt vom Wasser verköstigen lassen. Gar nicht so lange ist es her, da wurden Gastronom Ramiz Meral und sein Team im Sommer 2019 von einem Unglück auf dem Main heimgesucht. Das

Boot war mit Wasser vollgelaufen und geriet in gefährliche Schräglage. Um ein Haar wäre die *Istanbul* gekentert und konnte gerade so gerettet werden. Heute schaukelt das Boot also zum Glück wieder im Lot und beglückt seine Gäste mit türkischer Küche zum Mitnehmen.

Im Winter schließt der Familienbetrieb seine Kajüten. Doch pünktlich, wenn einen die Frühlingsgefühle ab April wieder nach draußen locken, lädt das Boot bis Oktober hungrige Frankfurter und Gäste der Mainmetropole dazu ein, sich durch die Speisekarte an traditionellen Gerichten zu probieren.

Nicht nur Döner wird bis 23 Uhr frisch zubereitet, auch Fischfreunde kommen voll auf ihre Kosten. Wie wäre es zum Beispiel mit einem Makrelen- oder Doradenfilet? Vegetarier las-

Dürum mit gegrilltem Gemüse, nicht nur optisch ein Leckerbissen.

sen sich ein Dürüm mit gegrilltem Gemüse und Schafskäse schmecken und auch vegane Varianten stehen auf der Speisekarte. Dazu ein Glas Ominade, eine spritzig-erfrischende Zitronenlimo nach Großmutters Rezept. All das kann man mit Blick aufs Wasser genießen.

Am besten eine Picknickdecke mitbringen, um es sich auf der Mainwiese gemütlich zu machen. Sitzbänke gibt es zwischen Unter-mainbrücke und Friedensbrücke zwar auch zur Genüge, so nah am Main wie möglich – in der Pole-Position gewissermaßen - ist's aber einfach am schönsten.

Wenn die Sonne langsam hinter der Skyline verschwindet, bleibt man noch etwas länger sitzen und schaut zu, wie der Himmel sich in die schönsten Rottöne färbt.

Hin & weg: Mit der U1, U2, U3 oder U8 bis Schweizer-Gartenstraße.

Beste Zeit: Für das ultimative Bosporus-Feeling einen sommerlichen Tag rauspicken.

Dauer: Ab 30 Min.

Ausrüstung: Picknickdecke und einen großen Appetit.

MEER-MOMENTE

⇃ ... am Höchster Wehr ⇂

#22

Einen Hauch Küstenfeeling versprüht der Stadtteil Frankfurt-Nied am Höchster Wehr. Je nach Jahreszeit findet man hier einen Ort, um Kraft zu tanken, Sommerfreuden zu genießen – und um Muscheln zu sammeln.

Eine Dosis Küstenfeeling versprüht das Niddaufer am Höchster Wehr. Der Abschnitt wurde 2012 und 2013 renaturiert, zur Freude Erholungssuchender.

An Wochenenden im Sommer wird man von Kinderlachen empfangen und es geht bunt und trubelig zu am Höchster Wehr. Familien haben die Picknickdecke auf der Wiese ausgebreitet, Biker radeln vorbei, der Nidda bis zu ihrer Mündung in den Main folgend.

Unter der Woche zeigt sich ein anderes Bild und man genießt die Uferabschnitte als friedliches Idyll – zwar nicht ganz für sich allein, denn es zieht naturliebende Frankfurter gern an diesen Landstrich, aber die Zahl der Ausflügler ist doch um einiges überschaubarer – sogar im Hochsommer.

Aber auch an tristen, wolkenverhangenen Herbsttagen hat das Fleckchen Natur im Nordwesten Frankfurts seinen Reiz. Die Windböen, die die Gräser am Gewässer zum Tanzen bringen, fühlen sich fast wie eine Meeresbrise an

und wenn die Nidda fröhlich vor sich hin plätschert und gegen die Felsen am Ufer rauscht, könnte man meinen, man hat die Brandung des letzten Strandurlaubs im Ohr. Noch dazu findet man hier, zwischen den Kieselsteinen, unzählige Muscheln.

Erst in den Jahren 2012 und 2013 hat man das Höchster Wehr im Rahmen einer aufwendigen Renaturierung durch ein Streichwehr ersetzt. Der Hochwasserschutzdamm wurde abgetragen und an anderer Stelle neu aufgebaut. Viel Schweiß und Geld flossen in das Projekt. Das Ergebnis lässt sich aber sehen. Der naturnahe Umbau soll Fischen den Weg flussaufwärts erleichtern und auch Großstädtern als Erholungsoase dienen.

Radelt man auf dem Nidda-Radweg entlang des Ufers, liegt das Höchster Wehr auf der

Strecke. Eine empfehlenswerte Etappe, die einem noch dazu den kleinen Fußmarsch vom Bahnhof Nied erspart. Denn von dort machen sich nämlich all jene auf den Weg zum Höchster Wehr, die mit der S-Bahn aus der Innenstadt herfahren, statt sich auf den Drahtesel zu schwingen.

So herrlich ist es am Höchster Wehr, dass es einfach viel zu schade wäre, sich bis zum Wochenende zu gedulden, um sich bei diesem kleinen, aber umso feineren Ausflug zu vergnügen. Also macht man sich auf, schon direkt nach dem Feierabend, Richtung Nied, zum Sonnenbaden, um nach Forellen Ausschau zu halten und zum Muschelnsammeln natürlich. Und wenn es mit dem Rad oder der S-Bahn wieder heimwärts geht, fühlt man sich wunderbar relaxt, mit einer Handvoll »Nordsee-Glück« in der Hosentasche.

Hin & weg: Mit S1 oder S2 bis Frankfurt-Nied-Bahnhof. Von hier 20 Min. Fußmarsch. Oder mit dem Rad.

Beste Zeit: Im Sommer natürlich herrlich. Hebt aber genauso an einem tristen Herbsttag die Laune.

Dauer: Der Erholungseffekt setzt schon ab 1 Std ein.

Ausrüstung: Picknickdecke und Behältnis für die Souvenirs.

IM HERZEN BARFUß

 ... im Gutleutviertel in Frankfurt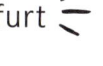

#23

Der Sommer ist da und wo könnte man besser auf ihn anstoßen als an dieser Frankfurter Kult-Location!? Inklusive Mainblick und Fußzehen im Sand. Außerdem gut möglich, dass man zu später Stunde einen neuen Freund fürs Leben gefunden hat.

Gesellig geht's zu am Orange Beach, dem wohl einzigen Frankfurter Wasserhäuschen mit Mainblick.

Gut versteckt, unter der Niederräder Brücke steht ein Kiosk in knalligem Orange. Daneben Bierbänke mit Blick auf den dampfenden Grill und bunt zusammengewürfelte Gartenstühle. Sogar in einer zur Sitzmöglichkeit umfunktionierten Mülltonne kann man es sich hier am Orange Beach gemütlich machen, umgeben von Palmen und Geranien.

Mit einem Fünkchen Glück ergattert man einen der Strandkörbe oder Liegestühle in der ersten Reihe zum Wasser, in die man sich so richtig schön reinflätzen kann. Mit Blick auf den Main und die vorbeischippernden Schiffe, Kanuten und Stand-up-Paddlern. Einfach herrlich! Nun noch ein kühler Drink in der Hand, die letzten Sonnenstrahlen des Tages im Gesicht und die Zehen im Sand verbuddeln. So gefällt er uns, der Sommer. Hin und wieder poltert ein Zug über die Eisenbahnbrü-

cke gleich über dem Wasserhäuschen. Davon lassen sich die Gäste des Orange Beach aber nicht aus der Ruhe bringen. Gesellig geht's hier zu. Typisch Frankfurt eben. Stammgäste nippen am kühlen Bier. Andere Gäste sind – trotz des guten Verstecks der Location – rein zufällig während einer Radtour hier gelandet. Die bunte Mischung des Publikums sorgt für eine entspannte Atmosphäre. Schnell findet man sich im Plausch mit alteingesessenen Frankfurtern oder Studenten der Goethe-Uni, die aufs Semesterende anstoßen.

Hier am Orange Beach sind alle willkommen, die auf der Suche nach einer Dosis Urlaubsfeeling sind und für ein paar Stunden den Alltag abschütteln wollen.

Etwas abseits der Innenstadt im westlichen Gutleutviertel ist das Büdchen gelegen. Der

Bunt zusammengewürfelt und viele Details. Zwischen Plausch und Genuss gibt's viel zu entdecken.

Weg lohnt allemal. Denn selbst Bahngleise und Industrieromantik halten nicht davon ab, das idyllische Kleinod hoch zur Lieblings-Sommerlocation zu katapultieren. Das kann nur dieses orangefarbene Wasserhäuschen am Main.

Hinter der Theke wartet nicht nur eine sagenhafte Getränkeauswahl, die kaum eine Kneipe zu bieten hat. Auch hungrig geht keiner heim. Bei gutem Wetter schmeißt Besitzer Olaf Gries sogar den Grill an und ein verführerischer Barbecue-Duft schwebt über dem Mainufer.

Montags bleibt der Stadtstrand samt Büdchen zu. Dafür öffnet der Beach-Kiosk sogar im Winter seine Läden. Von 15 bis 21 Uhr. Aber am schönsten chillt man in der Beach-Kulisse natürlich zur warmen Jahreszeit und das bis Open-End oder auf Hessisch: »offe bis Ende«.

> **FAZIT: EIN WASCHECHTES ORIGINAL. DIE NUMMER EINS UNTER DEN FRANKFURTER-WASSERHÄUSCHEN.**

Hin & weg: Mit Buslinie 37 bis Briefzentrum. Der Gutleutstraße etwa 300 m Richtung Westen folgen und überqueren. Nach der ersten Eisenbahnbrücke nach links, am Ende des Weges nach rechts abbiegen.

Beste Zeit: Hochsommer. Öffnungszeiten unter www.orangebeach-frankfurt.de

Dauer: Ab 1 Std bis »offe bis Ende«.

Ausrüstung: Sonnencreme, Mückenspray, Geld für Getränke und Würstchen.

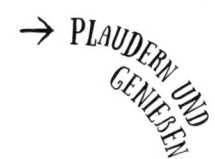

AUSZEIT UNTERM BIRNBAUM

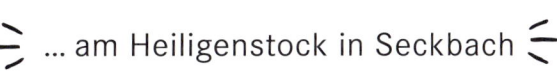

... am Heiligenstock in Seckbach

#24

Faszinierende Orte verbergen sich in ganz Frankfurt. Am Berger Rücken etwa stehen die verlassenen Überreste einer alten Sendestation. Graffitiverzierte Ruinen, umgeben von einer Streuobstwiese, wie gemacht zum Picknicken und zum Sonnenuntergangbewundern.

Auf dem Berger Hang, wo einst die Anlage Heiligenstock sendete, findet man heute Kunst und prima Picknickplätze.

Leuchtende Streuobstwiesen und ein verlassener Ort – *lost place*, wie man so schön sagt – treffen auf dem Berger Rücken in Seckbach aufeinander. Zwischen der Friedberger Landstraße und dem Preungesheimer Dreieck stehen die Reste der Sendeeinrichtung für Mittelwellenrundfunk des Hessischen Rundfunks.

Installiert wurde die Sendeanlage Heiligenstock vom Vorgänger der Medienanstalt in den 1920er-Jahren und war bis in die 1960er-Jahre mit Unterbrechungen in Betrieb. So befahlen die Nationalsozialisten im März 1945 die Sprengung der Anlage, als die US-Armee anrückte. Bis zur Errichtung eines neuen Sendemastes nutzte man die Behelfsantenne. Im Jahr 1967 wurde die Einrichtung vom Hessischen Rundfunk durch den Sender Weiskirchen ersetzt und die 122 Meter hohe Antenne abgerissen.

Heute erinnern die Betonfundamente des Turms an die Anlage, genauso wie das ehemalige Technikgebäude.

Der Weg zum Heiligenstock hat schon manch Suchenden auf einen Irrweg geführt, der sich plötzlich im Bad Vilbeler Stadtteil Heilsberg wiederfand. Dabei ist das Finden des Weges gar kein Hexenwerk. Von der Bushaltestelle Heiligenstock/Lohrberg spaziert man an der Gaststätte Altes Zollhaus vorbei und biegt hinter dem Lokal nach links. Nach etwa 500 Metern Fußmarsch durch die Streuobstlandschaft sichtet man die alte Sendestation auf der rechten Seite.

Von Graffiti verziert und teils dicht bewachsen, stehen die Ruinen inmitten goldener Wiesen und blühender Obstbäume. Birnen, Äpfel, Mi-

Die Reste der Sendeeinrichtung sind umgeben von duftenden Kirsch-, Apfel- und Birnbäumen. Mundraub erlaubt!

rabellen und Kirschen, wohin das Auge reicht. Schnell ist ein Birnbaum gefunden, wie gemacht, um es sich im Schatten der Baumkrone auf einer Decke gemütlich zu machen. Auf dem Rücken liegend, an einem langen Grashalm kauend und die Formen der Wolken deutend.

Ohne Decke im Gepäck, lässt es sich wunderbar auf den Bänken am Pfad, auf dem man herspaziert ist, verweilen. Oder man klettert auf eins der Fundamente und genießt die erhöhte Sicht und lässt den Blick über Frankfurt und den Taunus schweifen.

Der Tag neigt sich dem Ende. Doch die goldene Julisonne steht noch hoch, wärmt die Streuobstwiesen und verführt, noch etwas länger zu bleiben – bis sich die Sonne mit ihrem gelbroten Spektakel am Himmel verabschiedet.

Hin & weg: Mit Busline 30 bis Heiligenstock/Lohrberg.

Beste Zeit: Besonders schön im Frühling und im Sommer, wenn die Streuobstwiesen duften.

Dauer: 1–2 Std.

Ausrüstung: Picknickdecke, Snacks und Drinks.

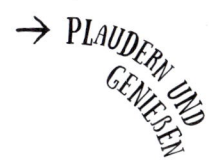

KÖSTLICHE WELTREISE

>− ... in der Kleinmarkthalle −<

 # 25

Ein Ort der Begegnung und des Genusses ist die Kleinmarkthalle im Herzen der Innenstadt. Hereinspaziert! Um die traditionelle Marktatmosphäre zu schnuppern und sich einmal um die Welt zu schlemmen.

Mekka für Foodies und Genießer: Die Kleinmarkthalle im Zentrum lockt mit frischem Obst und Gemüse, Feinkost und dem vielleicht besten Käsekuchen der Stadt.

Schon von außen gibt die Fassade einen Hinweis darauf, was einen im Inneren, auf knapp 1200 Quadratmetern, erwartet. Die Nordseite der Halle ziert ein Graffiti. Allerlei Essbares leuchtet Spaziergängern entgegen. Dazwischen Frankfurter Wahrzeichen, berühmte Persönlichkeiten wie Goethe und Anne Frank. Natürlich dürfen auch der Bembel und der Äbbelwoi-Express nicht fehlen.

Mitten hinein in den Feinschmecker-Tempel, der seit Ende des 19. Jahrhunderts das Stadtleben Frankfurts prägt, führen zwei Eingänge: am Liebfrauenberg oder an der Hasengasse. Bunt und frisch geht's im Erdgeschoss zu. In den Auslagen von mehr als 60 Händlern türmen sich Obst und Gemüse. Manches kennt man von heimischen Feldern und Plantagen. Anderes erscheint vollkommen unbekannt und lädt die Geschmacksnerven zu einem exotischen Kurzurlaub ein. Schon mal eine Guanábana probiert? Die Riesenbeere – bis zu 40 Zentimeter lang und stolze vier Kilogramm schwer kann sie werden – kommt aus Südamerika. In Deutschland ist sie eher unter dem Namen Stachelannone bekannt. Süß und leicht säuerlich schmeckt die Guanábana und gilt als die Erdbeere Südamerikas.

Ein paar Gänge weiter geschlendert, locken andere intensive Düfte zu weiteren Kostproben. Vino, frische Pasta und italienische Kaffeespezialitäten. Bei Valentino lässt man sich auf ein Glas Amarone della Valpolicella nieder und schaut zu, wie der Antipasti-Teller angerichtet wird, den es gleich gilt zu verspeisen. Mmh! La Dolce Vita mitten in Frankfurt.

Die Treppe zur Galerie erst einmal erklommen, warten noch so manch andere Spezialitäten

auf Genussfreunde. Wie wäre es mit einem Fischbrötchen oder einem Teller Meeresfrüchte von der Austernbar? Auch schön: Es sich mit einem Glas Wein am Bistrotisch gemütlich machen und das bunte Treiben eine Etage tiefer beobachten. Oder die Markt Stubb, ein echtes Frankfurter Original, besuchen und sich von den wechselnden Tagesgerichten überraschen lassen.

Unter der Woche schließt die Kleinmarkthalle um 18 Uhr ihre Pforten. Nach der Arbeit bleibt also gerade noch Zeit, um sich Appetit zu holen, Neues zu probieren und sich mit einigen Köstlichkeiten für zu Hause einzudecken. Zum Beispiel mit einigen Stücken des vielleicht besten Käsekuchens weit über die Stadtgrenze Mainhattans hinaus. Den gibt's im Erdgeschoss. Einfach dem verführerischen Duft zu Kuchenseppels Käsekuchen folgen.

FAZIT: FÜR FEINSCHMECKER UND GENIE-BER – UND DA ÜBERDACHT, WIE GEMACHT FÜR VERREGNETE FEIERABENDSTUNDEN.

Hin & weg: Von der Hauptwache in wenigen Gehminuten zum Eingang Liebfrauenberg. Zum Eingang an der Hasengasse geht es schneller von der Konstablerwache.

Beste Zeit: Zu jeder Jahreszeit, hellt aber besonders an kalten, tristen Tagen die Stimmung auf. Öffnungszeiten und mehr unter www.kleinmarkthalle.de

Dauer: Lohnt bereits ab 1 Std.

Ausrüstung: Ein bisschen Hunger und Appetit auf neue Geschmackserlebnisse.

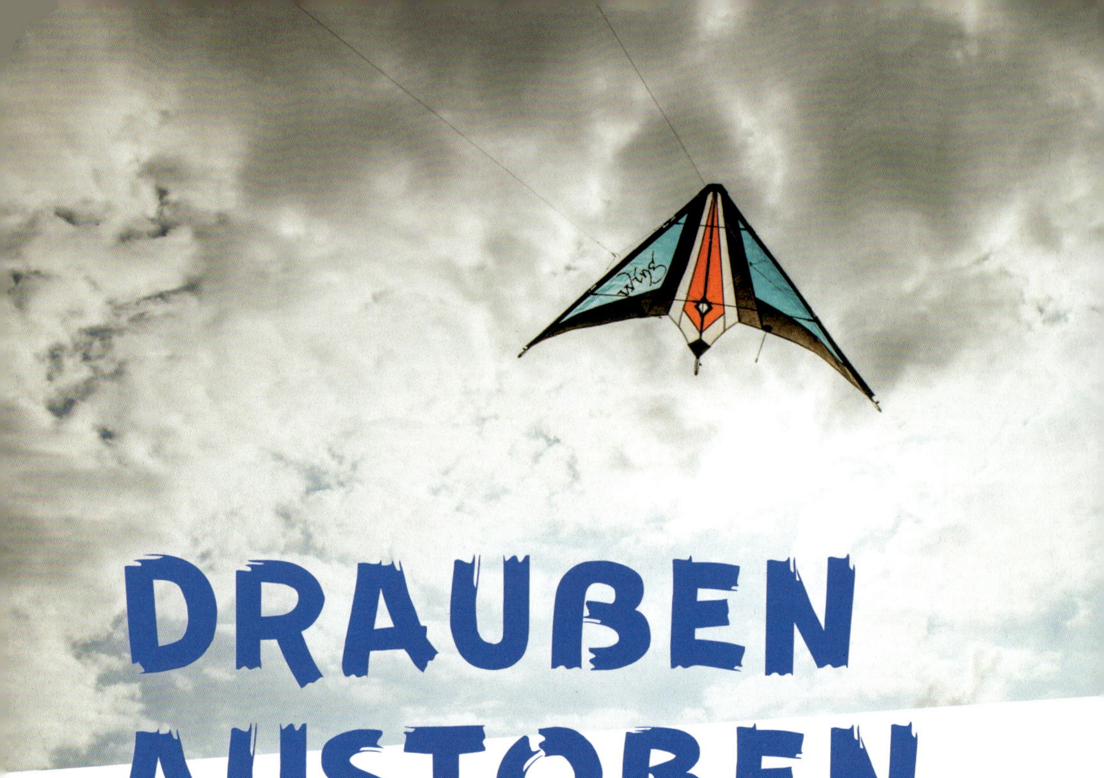

DRAUßEN AUSTOBEN

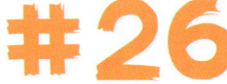

... in Bonames

#26

Heute wird eine Lieblingskindheits-erinnerung geweckt: Den bunten Lenk-drachen in luftigen Höhen über einem stillgelegten Flughafen tanzen lassen. Ein Feierabend, der nach Sorglosigkeit und Unbekümmertheit schmeckt – und nach einer Prise Freiheit.

#lassdasinnereKindraus #hochinderLuft #Flugfreuden

Wo einst Militärhubschrauber abhoben, steigen heute Lenkdrachen in die Luft.

Munter flattert der Drachen im Wind. So schnell wie er nach oben schnellt, stürzt er im Sinkflug hinab und zuckelt, kurz bevor er den Boden erreicht, wieder nach oben. Die Schnur spannt am Lenker, den die Hände fest umklammern. Ein Moment, in dem es sich endlich mal wieder austoben darf, das innere Kind. Wie kommt es, vielen Dingen, die Vergnügen bereiten, ab einem gewissen Alter den Rücken zu kehren? Sich zu erwachsen zu füh-

len und sich albern vorzukommen? Wenn man die Teigschüssel mit dem Finger ausschleckt, Purzelbäume auf dem Wohnzimmerteppich vollführt, durch Rasensprenger hüpft, mit Gummistiefeln und Karacho in Pfützen springt (Eskapade #12) oder Drachen steigen lässt? Zumindest Letzteres darf jetzt mal wieder aufleben. Zur Freude des inneren Kindes und weil bunte, im Wind tanzende Drachen einfach gute Laune machen.

Das GrünGürtel-Tier grüßt vorbeikommende Radler und Spaziergänger zwischen Flugplatz und Nidda.

Einer der schönsten Orte, um in Frankfurt einen Drachen durch die Lüfte gleiten zu lassen, ist der Alte Flugplatz in Bonames. Einst hoben von der Landebahn Militärhubschrauber ab. Heute sind es erfreulicherweise nur noch Lenkdrachen in leuchtenden Farben.

Das riesige Landschaftsschutzgebiet am Alten Flugplatz ist Teil des Frankfurter Grüngürtels. Rund um das Gelände kann man beobachten, wie sich die Natur den Ort Stück für Stück zurückerobert. Das gefällt auch der Tierwelt. Nach und nach kehren verschiedene Arten zurück in das wilde Bonames. Ein Graureiher watet durch einen Teich, wie in Zeitlupe, und hält Ausschau nach einem schmackhaften Abendessen. Von April bis Juni geben Frösche

ein fulminantes Konzert. Östlich vom Tower Café stößt man auf eine Kleingartensiedlung am Kalbach. Die dichten Hecken hinter den Zäunen hängen im Spätsommer voller Beeren. Ob man sich auf dem Heimweg irgendwo noch ein Schälchen besorgen sollte? Ein Aroma liegt in der Luft, das einen prompt in die Sommerferien in der Schulzeit und zu unbekümmerten Stunden in Omas Garten zurückversetzt.

Um solche Erinnerungen wieder aufleben zu lassen, dreht sich der Besuch. Und, um nach einer viel zu langen Pause die erste Flugstunde seit Jahren zu nehmen.

Wer kein eigenes Fluggerät zu Hause hat, kann sich im Tower Café am Alten Flugplatz (www.

Wind im Rücken und etwas Geduld sind gefragt, bis der Drachen durch die Luft gleitet.

tower-cafe.de) einen Drachen ausleihen. Ganz unkompliziert und gratis gegen Pfand stehen vier Lenkdrachen bereit. Allesamt sind Spezialanfertigungen und auch bei schwachem Wind flugtüchtig. Wie in Kindertagen ist Drachen steigen lassen wunderbar an Herbstfeierabenden. Die Drachen im Tower Café können aber zu jeder Jahreszeit ausgeliehen werden. Außer montags und dienstags, da hat das Café Ruhetag. Besondere Rücksicht ist zur Brutzeit von März bis Juli geboten. Dann ist auch die Vogelwiese hinter dem Tower Café tabu.

Hin & weg: Mit der U2 bis Kalbach. Von hier sind es 10 Gehminuten über den unteren Kalbacher Weg. Alternativ mit dem Bus 27 bis Nordpark und etwa 5 Min. bis zum Tower Café.

Beste Zeit: An einem windigen Herbsttag. Je stärker die Brise, desto lustiger.

Dauer: 2 Std.

Ausrüstung: Einen Lenkdrachen. Wer keinen zu Hause parat hat, leiht ihn sich im Tower Café.

FAZIT: RETTET DAS INNERE KIND! DRACHEN STEIGEN LASSEN IN BONAMES MACHT DEN TRÜBSTEN TAG FRÖHLICH-BUNT.

BEI FREUNDEN ZU GAST

≍ ... im Café Maingold in der Innenstadt ≍

#27

Die östliche Innenstadt ist Heimat eines der gemütlichsten und kultigsten Lokale der Stadt: das Café Maingold. Wo die Speisen vorzüglich sind und die Drinks prickeln und man am liebsten für immer bleiben möchte, im Wohnzimmer Frankfurts.

Am Rande der Innenstadt lädt das Café Maingold zu vergnüglichen Stunden ein. An kühlen Tagen warten dicke Polster, zur warmen Jahreszeit lädt die Sommerterrasse zum Plaudern und Schlemmen ein.

»Vierzimmerküchebar« lautet der Kosename des Cafés Maingold. Und der ist Programm. Denn wer das Lokal betritt und in einem der Vintagesessel einsinkt, ertappt sich vielleicht bei dem Gedanken, Bartheke und Mobiliar rauszuwerfen und mit dem eigenen Sack und Pack in den Altbautraum einzuziehen. Das würde allerdings bedeuten, dass Frankfurt auf eines seiner gastronomischen Highlights verzichten müsste … Also doch lieber alles beim Alten lassen und in regelmäßigen Abständen Richtung Friedberger Anlage pilgern.

Am Rande der Innenstadt, fast schon auf Ostend-Terrain, lädt das Café Maingold zu vergnüglichen Stunden ein. An kühlen Tagen fläzt man sich in das Polster des Sofas vor der pastellfarbenen Vögelchen-Tapete. Zur war-

men Jahreszeit lädt die Sommerterrasse zum Plaudern und Schlemmen ein. Ganz egal, wo man einen Platz ergattert, Wohlfühlen ist überall Programm.

Das Café ist besonders durch sein liebevolles Angebot zum sonntäglichen Brunch bekannt. Aber auch unter der Woche und zur späteren Stunde werden im Maingold allerlei Köstlichkeiten kredenzt.

Draußen genießt man je nach Saison verschiedene Kreationen mit Blick ins Grüne. Auf der Frühlingskarte stehen bunte Salate und der Mango-Curry-Frischkäse mit knusprigem Brot ist ein Gedicht. Dazu ein Glas eiskalte Gurken-Limo mit Rosmarin. Der perfekte Begleiter!

Sobald am Nachbartisch der Nachtisch serviert wird, wirft man automatisch auch noch einen Blick in die Dessertkarte. Die Entscheidung fällt dabei gar nicht leicht. Wenn dann endlich die Wahl zwischen frischen Waffeln und Vanilleeis mit Rhabarberkompott getroffen ist, verspachtelt man die Portion Frühlingsglück auf dem Teller und sinniert dabei über die Lage und die Einrichtung der nächsten Traumwohnung.

Die Stunden verstreichen, das übernächste Glas Apfelwein ist schon geordert und die imaginäre Wohnung längst dekoriert. Dann wird es aber doch Zeit, sich gegen Mitternacht von seinem liebsten Wohnzimmer in ganz Mainhatten zu verabschieden: »Gute Nacht und auf bald!«

Hin & weg: Gut aus allen Richtungen erreichbar. Von den Haltestellen Konstablerwache, Zoo oder Ostendstraße braucht man nur wenige Gehminuten.

Beste Zeit: Zu jeder Jahreszeit herrlich. Im Winter sitzt es sich im Gastraum ganz wunderbar, im Sommer auf der Terrasse. Montag ist Ruhetag. Öffnungszeiten unter www.cafe-maingold.de

Dauer & Strecke: 1–2 Std.

Ausrüstung: Geld gegen Hunger und Durst.

HILFE GEGEN FERNWEH

≥ ... am Frankfurter Flughafen ≤

#28

Plane Spotting lautet das Zauberwort, wenn einen das Fernweh mal wieder übermannt, aber Zeit oder Geldbeutel es nicht zulässt, sich selbst auf große Reise zu begeben. Der ideale Ort für Flugzeugenthusiasmus: die Aussichtspunkte an der Startbahn West und der Landebahn Nordwest.

»Ready for departure«, tönte es wohl eben durch die Lautsprecheransage in der Kabine der Boeing 777, die gerade zum Start über die Landebahn rollt. Immer schneller und schneller, bevor sich die Schnauze des Fliegers hebt und der Riese in die Luft steigt. Höher und höher, bis er nur noch als kleiner Punkt am Himmel zu erkennen ist und nach ein paar Minuten ganz verschwunden scheint.

Reckende Hälse und sehnsuchtsvolle Blicke am Boden. Manch einer der Zuschauer würde selbst gern in der Maschine sitzen. Wo die Reise wohl hingeht? Bestimmt in tropische Gefilde oder in eine aufregende Metropole.

Im Minutentakt starten und laden die Flugzeuge am Frankfurter Flughafen. Einer der besten Orte, um sich das Spektakel am Himmel anzuschauen sind die Aussichtsplattformen B-

Startbahn West und C-Landebahn Nordwest. Erstere ist auf den Namen Affenfelsen getauft. Die Affen auf dem Felsen sind hierbei die Plane Spotter. In Reih und Glied, teilweise mit Kameras bewaffnet, stehen sie vor dem Zaun auf der Aussichtsplattform. Ein paar wenige Glückspilze haben sich die raren leicht erhöhten Plätze gesichert. Ganz nah dran, quasi in erster Reihe erlebt man hier das Geschehen.

Der Aussichtspunkt der Startbahn West liegt am Airportring, in der Nähe des Parkplatzes direkt vor der Unterführung Startbahn West. Sobald der Frühling Frankfurt mit wärmeren Temperaturen verwöhnt, hält hier auf dem Parkplatz gern ein Eiswagen, sodass man die Showeinlage am Himmel mit ein bisschen Glück sogar mit Stracciatella und Co. verfolgen kann. Doch egal ob mit oder ohne Eis geht's am Parkplatz eine Treppe hinauf und

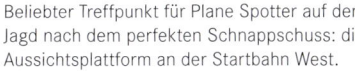

Beliebter Treffpunkt für Plane Spotter auf der Jagd nach dem perfekten Schnappschuss: die Aussichtsplattform an der Startbahn West.

man folgt dem Pfad am Wald entlang nach links, bis man nach 250 Metern die Aussichtsplattform erreicht.

Um seinem Objekt der Begierde möglichst nah zu kommen, schreckt der Spotter auch vor längeren Strecken nicht zurück. Mit den Öffis unterwegs, ist in der Tat etwas Durchhaltevermögen gefordert. Denn von den nächstgelegenen S-Bahn-Haltestellen, Frankfurt-Flughafen-Regionalbahnhof und Walldorf, ist es über eine Stunde Fußmarsch zum Affenfelsen. Schneller geht's mit dem Auto. Alternativ schaut man sich das Treiben vom zum Regionalbahnhof näher gelegenen zweiten Aussichtspunkt an der Landebahn Nordwest an. Seit 2015 kann man hier unabhängig von der Landerichtung Airbusse und Boeings aus nächster Nähe aus der Luft anfliegen und vorbeirollen sehen.

Noch eine Möglichkeit, um als Plane Spotter ein bisschen weite Welt zu schnuppern, ist, sich aufs Fahrrad zu schwingen. Denn beide Aussichtsplattformen liegen unmittelbar an der Fahrradroute des Regionalpark Rhein-Main, sodass man sich aus der Frankfurter Innenstadt auch hinrollen lassen kann. Vom Zentrum radelt man durch den Schwanheimer Wald und weiter über Unterschweinstiege oder durch Kelsterbach.

FAZIT: FASZINATION FLUGZEUG GANZ NAH – EINE ESKAPADE FÜR HOBBYFOTOGRAFEN, FERNWEHGEPLAGTE UND FLIEGER-FREAKS.

Hin & weg: Mit S8, S9 oder RE (z. B. 3 oder 33) bis Frankfurt-Flughafen-Regionalbahnhof. Von hier 1 Std. 15 Min. Fußmarsch zu B-Startbahn West und rund 50 Min. zu C-Landebahn Nordwest. Wer zu den Aussichtsplattformen radeln möchte, findet auf www.regionalpark-rheinmain.de Infos zu Radwegen und GPS-Tracks.

Beste Zeit: Zu jeder Jahreszeit. Besonders schön, wenn im Winter das Fernweh gestillt werden möchte.

Dauer: 1–2 Std.

Ausrüstung: Kamera und Thermoskanne.

AUF ZUR FOTO-SAFARI

 ... in Frankfurt-Höchst

#29

Wie wäre es mit einem neuen Ritual? Ab sofort geht's einmal die Woche auf Nachbarschaftsstreifzug zu einer Erkundungstour in einen neuen Stadtteil. Heute an der Reihe: fachwerkverliebt in Frankfurt-Höchst.

Auf Nachbarschaftsstreifzug und der Suche nach dem nächsten Fotomotiv.

Frankfurt, das ist so viel mehr als Römerberg, Zeil und Alt-Sachsenhausen mit seinen urigen Apfelweinkneipen. Aus sage und schreibe 43 Stadtteilen besteht die Mainmetropole. Wer da nicht auch mal einen neuen Kiez erkundet, verpasst so einiges. Denn jedes Viertel für sich hat seinen ganz eigenen Charakter. Da wären das ländliche Berkersheim, Schwanheim zwischen Natur und Industrie und das szenige Nordend. Perfekt als Auftakt für das neue Ritual und immer einen Miniausflug wert

ist der charmante und facettenreiche Stadtteil Höchst. Herzstück des Viertels ist die zauberhafte Altstadt, die seit 1972 Denkmalschutz genießt. Kleine Fachwerkhäuschen – und famose Fotomotive - reihen sich eins an das nächste. Wie es wohl im Inneren, hinter den bunten Klappläden, aussehen mag?

In der Altstadt lohnt es sich außerdem, einen Zwischenstopp an der Justinuskirche einzulegen. Schon von außen macht das spätgotische

Durch das imposante Torhaus des Alten Schlosses spaziert man auf die Schlossterrasse mit Mainblick.

Gotteshaus einiges her. Von April bis Oktober kann man bis 17 Uhr einen Blick hineinwerfen und findet im Kräuter- und Blumengarten der Kirche eine Oase der Ruhe.

Beim Streifzug durch die Höchster Altstadt landet man unweigerlich früher oder später am Schloss. Abermals ein guter Grund die Kamera auszupacken. Wer hier meint, architektonische Unterschiede zu erkennen, liegt vollkommen richtig. Ein Teil des Schlosses wurde vom 14. bis 16. Jahrhundert erbaut. Das Neue Schloss hingegen erst Ende des 16. Jahrhunderts. Auf der Schlossterrasse lässt es sich gerade an einem sonnigen Tag wunderbar verweilen. Spätestens jetzt wähnt man das hektische Frankfurt in weiter Ferne.

Der Blick aufs Wasser vermag sogar Urlaubsgefühle zu wecken. Von der Schlossterrasse flaniert man Richtung Osten, immer am Main entlang, bis schon bald ein weiterer Prachtbau vor einem steht: der barocke Bolongaropalast, der erneut dazu inspiriert, den Auslöser zu drücken. Klick!

Der mediterran klingende Name des Palasts kommt nicht von ungefähr. Die beiden wohlhabenden Brüder Josef Maria Markus und Jakob Philipp Bolongaro beauftragten den Bau des Palasts von 1772 bis 1774. Vom Lago Maggiore kamen die Kaufleute nach Frankfurt und gründeten die größte Tabakhandlung und Schnupftabakmanufaktur in ganz Europa. Gern wollten sich die Brüder ein Anwesen in

Bunte Klappläden und schmale Gassen in der seit 1972 denkmalgeschützten Altstadt.

Frankfurt errichten. Doch als Katholiken wurde ihnen das Bürgerrecht der lutherischen Reichsstadt verwehrt. So nahmen sie das Angebot des Kurfürsten Emmerich Josef von Mainz an und ließen sich in der 1768 gegründeten Höchster Neustadt nieder. Damals gehörte das Terrain noch nicht zu Frankfurt. Erst 1928 wurde der Stadtteil eingemeindet.

Zum Absacker zieht es einen zurück ans Wasser. Wen es im Frühling bis Früherbst nach Höchst verschlägt, der findet an der Alten Schiffsmeldestelle ein besonders schönes Fleckchen zum Sitzen, Gucken und Genießen. Bei Spundekäs und Apfelwein stößt es sich wunderbar auf das neue Feierabendritual an. Und wo geht's nächste Woche hin?

> **FAZIT: KLEINER AUFWAND, MAXIMALER ERHOLUNGSWERT. FAST WIE EIN MINI-URLAUB.**

Hin & weg: Vom Zentrum mit der S1, S2 oder div. Regionalbahnen (ab Hauptbahnhof) bis Höchst Bahnhof.

Beste Zeit: Für eine Foto-Safari ohne viel Trubel eignet sich ein sonniger Wintertag.

Dauer: 2–3 Std.

Ausrüstung: Kamera für Schnappschüsse.

KAFFEE-KLATSCH AM KAMIN

... im Café im Liebieghaus am Museumsufer

#30 *Einfach mal den Tag gemütlich ausklingen lassen und der Seele etwas Gutes tun. Am Kamin sitzend, mit einer Tasse Kaffee oder Tee in der Hand und einem Stück Himbeertarte auf dem Teller. Was braucht man mehr? Also, hereinspaziert ins Café im Liebieghaus.*

Genießen in gemütlicher Atmosphäre. Je nach Jahreszeit sucht man sich ein Plätzchen am Kamin oder auf der Sommerterrasse.

Mit prominenten Nachbarn, wie dem Städel Museum, thront die prachtvolle Gründerzeitvilla Liebieg am Frankfurter Museumsufer. Verschiedene europäische Baustile, wie etwa Elemente der Südtiroler und Bamberger Renaissance, vereinte der Münchner Architekt Leonhard Romeis in diesem Stadtschlösschen. Baron Heinrich von Liebieg ließ die Villa mit Mainblick in den 1890er-Jahren erbauen. Der aus Böhmen stammende Textilfabrikant setzte sich hier zur Ruhe. Nach dem Tod des Baron kaufte die Stadt Frankfurt das Anwesen.

Eine Bedingung hatte von Liebieg verordnet, »auf ewige Zeiten« sollte sein Altersruhesitz »ein öffentliches Kunstmuseum« sein. So wurde aus der Privatvilla ein Museum für die städtische Skulpturensammlung. Hinter den altehrwürdigen Gemäuern verbergen sich heute rund 3000 Skulpturen aus der ganzen Welt und verschiedenen Epochen – inklusive des besonders empfehlenswerten Cafés im Liebieghaus im Erdgeschoss. Zwischen barocken Säulen lässt es sich in den holzvertäfelten Räumlichkeiten wunderbar verweilen und genießen. Herzstück des Cafés, mit entspanntem Bistro-Charakter, ist das gemütliche Kaminzimmer. Statt Holzkohle flackern heute Blockkerzen in der Feuerstelle. Wer besonderes Glück hat, ergattert einen der Lehnsessel vor dem Kamin. in die kuschligen Polster lümmeln und sich von der feinen Kuchen- und Tartesauswahl verwöhnen lassen. Einfach herrlich! Für all jene, die es lieber herzhaft mögen, gibt's leckere Quiches und frische Salate. Der pure Genuss an einem tristen und kalten Winterfeierabend.

Natürlich ist das Café im Liebieghaus auch eine prima Adresse zur warmen Jahreszeit. In dem

zauberhaften verwunschenen Garten wartet eine idyllische Terrasse auf die Gäste, umgeben von rot und weiß blühenden Kastanien, Blauglockenbäumen und Magnolien. Und die Skulpturen nicht zu vergessen. Wer sich selbst mal als Bildhauer versuchen möchte, für den bietet das Haus regelmäßig spannende Workshops.

Täglich um 18 Uhr schließen Museum und Café die Pforten. Wem es danach noch nach einem stimmungsvollen Lokal mit Kamin gelüstet, für den gibt's in Frankfurt weitere ausgezeichnete Adressen. Da wäre die angesagte Bar Sugar (www.sugar-bar.de) in Bornheim. Quasi in Rufweite dazu findet sich eine zweite Bar mit gemütlicher Feuerstelle – das Chaplin (www.chaplinbar-frankfurt.com), wo besonders Gin-Genießer auf ihre Kosten kommen. Durch mehr als 70 Sorten des Wacholderschnapses kann man sich in der Ginbar probieren.

FAZIT: GENUSSVOLLER UND GEMÜTLICHER AUSKLANG EINES DUNKLEN, REGNERISCHEN WINTERTAGES.

Hin & weg: Zum Liebieghaus geht's mit der U1, U2, U3 oder U8 bis Schweizer Platz. Oder mit Tram 15 oder 16 bis Otto-Hahn-Platz.

Beste Zeit: Im Winter. Je frostiger das Wetter, desto gemütlicher ist es am Kamin. Öffnungszeiten und mehr über www.liebighaus.de > Besuch > Café.

Dauer: Ab 1 Std.

Ausrüstung: Ein Buch zum Schmökern.

HORIZONT ERWEITERN

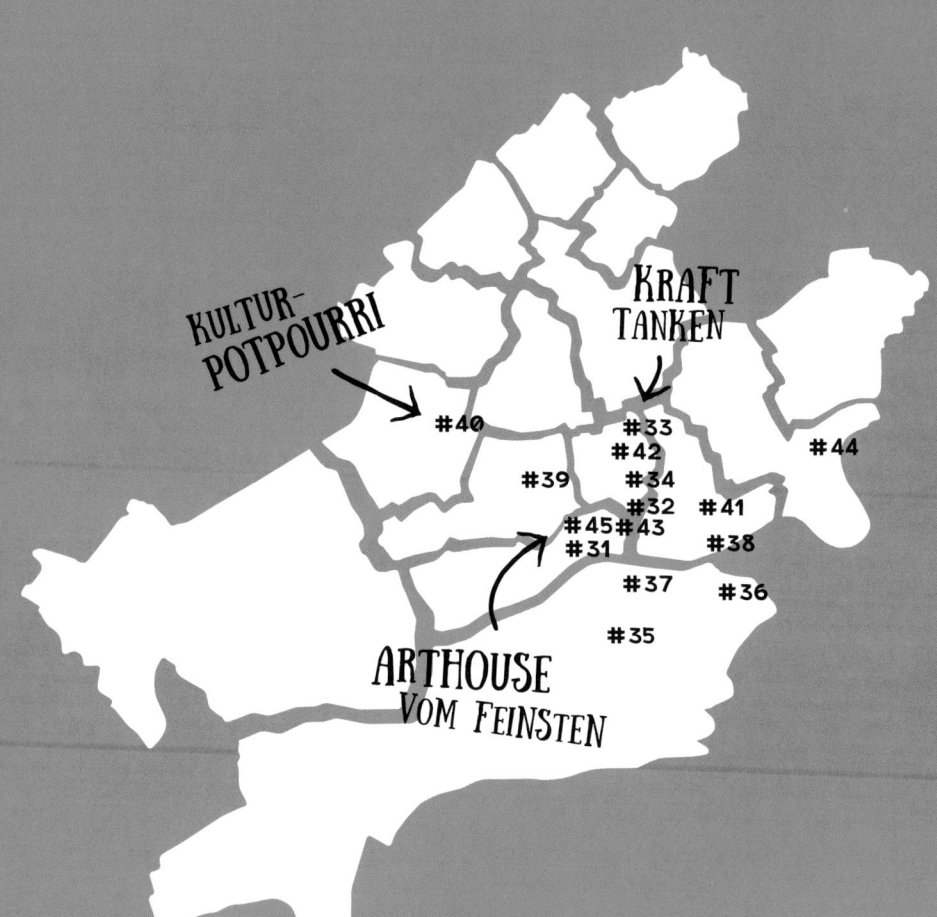

KULTUR-
POTPOURRI

KRAFT
TANKEN

#40

#33
#42
#34
#32
#41
#45 #43
#31

#39

#44

#38

#37
#36

#35

ARTHOUSE
VOM FEINSTEN

Kunst- und Kulturhäppchen

Eine Portion der schönen Künste, bitte! Als Stadtflaneur die bunten, verrückten und geschichtsträchtigen Ecken entdecken und spannende Orten aus einer neuen Perspektive erleben. Inspiration ist das Zauberwort.

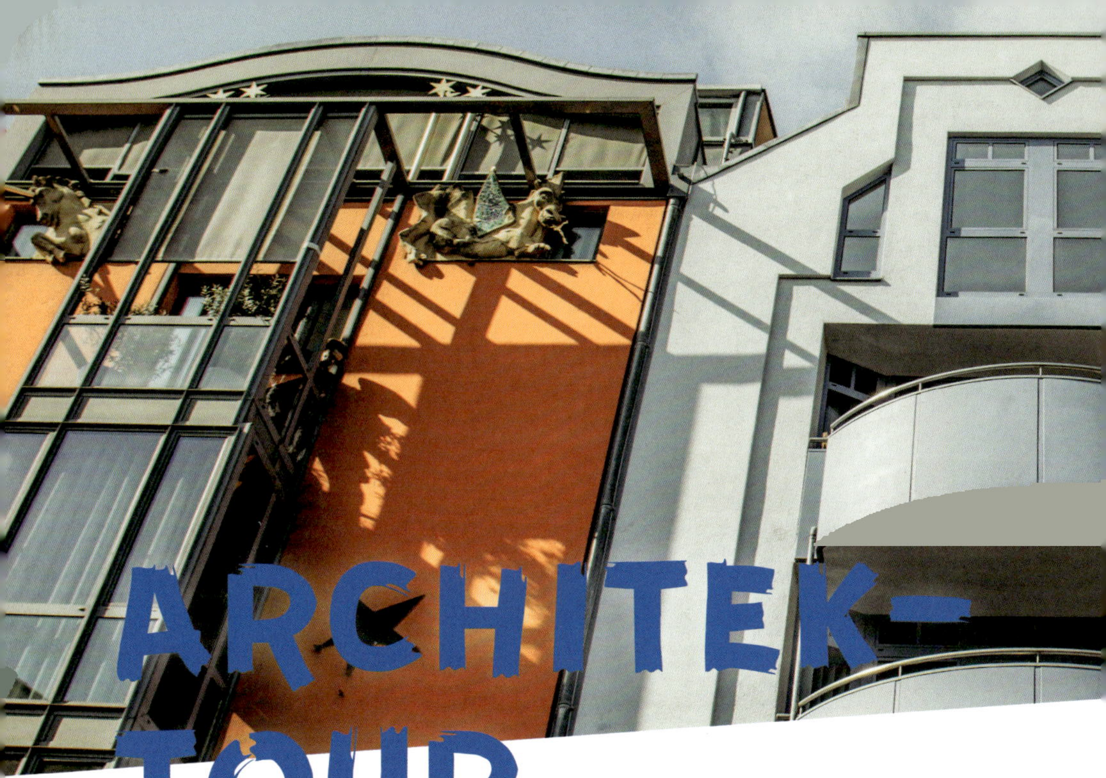

ARCHITEK-TOUR

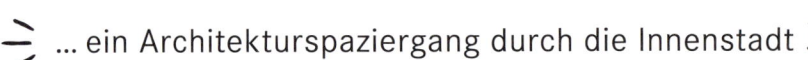

… ein Architekturspaziergang durch die Innenstadt

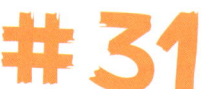

#31

Von einem Palast wie aus Tausendundeiner Nacht, um den sich eine tragische Liebesgeschichte rankt, einem verwunschenen Gartenhaus und von Fassaden springenden Fabelwesen. Ein Spaziergang durch Frankfurt.

#ArchiWalk #Baukunst #Fassadenträume #wowwowwow

In der Innenstadt startet der Spaziergang, bei dem man seinen Blick für die Architektur Frankfurts schult. An sieben Highlights abseits von Wolkenkratzern und Römer wird Halt gemacht. Ein schöner Startpunkt ist eine der ältesten Straßen Frankfurts, die Saalgasse, bekannt für ihre postmoderne Baukunst. Eine Häuserzeile springt beim Hindurchschlendern gleich ins Auge. Bunte Fassaden, kontrastreiche Fliesenelemente und ein Spiel mit Formen erkennt man beim Blick nach oben. Außerdem zwei Einhörner, die gerade zum Sprung anset-

zen. Im Zweiten Weltkrieg wurden die Gebäude in der Saalgasse vollständig zerstört. In den 80er-Jahren nahmen sich mehrere Architekten des Projektes an, um mehrere Stadthäuser in der Saalgasse neu zu gestalten.

Der nächste Stopp ist nur einen Katzensprung entfernt. Die Schirn Kunsthalle, die neben den Schätzen im Inneren auch von außen begeistert. Ebenfalls in den 1980er-Jahren erbaut, beeindruckt das mit hellem Sandstein verkleidete Haus mit seiner Rotunde, über der sich

eine Glaskuppel wölbt. Prägnant ist auch der Säulengang zur Bendergasse hin, den Dietrich Bangert, einer der Architekten, den Uffizien in Florenz nachempfand.

Über den Domplatz spazierend, geht's rechter Hand sogleich vorbei an einem weiteren Bauwerk der Moderne. Das Museum für Moderne Kunst besticht durch seine charakteristische Dreiecksform, die ihm den Spitznamen »Tortenstück« einbrachte.

Nach dem weltlichen Leben wartet nun ein Abstecher zum geistlichen. Die Liebfrauenkirche ist heute eine Kloster- und katholische Rektoratskirche und spielt noch dazu eine wichtige Rolle in der Seelsorge im Frankfurter Zentrum. Der Bau der Liebfrauenkirche reicht bis ins 14. Jahrhundert zurück. Besonderes Schmuck-

Von mittelalterlich, klassizistisch bis zum maurischen Stil. Beachtliche architektonische Schätze verbergen sich im Zentrum.

stück der Kirche ist der Lichterhof als Ort der Stille mitten im Großstadtdschungel.

Weiter geht's über die Zeil auf die Große Eschenheimer Straße. Vorbei am Palais Thurn und Taxis, einem prachtvollen Palast aus dem 18. Jahrhundert. Schon von Weitem weist der 47 Meter in die Höhe ragende Eschenheimer Turm den Weg. Im späten Mittelalter diente er als Stadttor. Heute ist der markante Turm mit seinen kleinen Wachtürmchen eines der Wahrzeichen Frankfurts.

Wenn man sich von dem eindrucksvollen Bauwerk losgerissen hat, flaniert man hinein in die Bockenheimer Anlage – für eine klassizistische Stippvisite. Das Nebbiensche Gartenhaus steht hier inmitten des Parks. Ein zauberhaftes Kulturdenkmal Frankfurts, das vermutlich im Auftrag des Verlegers Marcus Johann Nebbien für seine 3. Hochzeit erbaut wurde.

Den »Archiwalk« schließt ein architektonischer Höhepunkt, verbunden mit einer wahrhaft tragischen Geschichte. In der Blumenstraße, Ecke Eschersheimer Landstraße, steht das Maurische Haus, dessen Anblick einen sogleich in den Orient versetzt. Den märchenhaften Palast baute ein Frankfurter Maurermeister, der sich während einer Reise nach Nordafrika in eine Ägypterin verliebte. Unglücklicherweise trieb der Bau des prachtvollen Hauses den Maurer finanziell in den Ruin. Seine Verzweiflung war so groß, dass er sich das Leben nahm. Seine Geliebte verließ Frankfurt und kehrte zurück in ihre Heimat.

> **FAZIT: VON MITTELALTER BIS POST-MODERNE. FRANKFURTS ARCHITEKTUR IN ALL IHREN FASZINIERENDEN FACETTEN.**

Hin & weg: Zum Start an der Saalgasse mit U4 oder U5 bis Dom/Römer. Vom Maurischen Haus mit der U1, U3 und U8 ab Eschenheimer Tor heimwärts.

Beste Zeit: Am schönsten an einem Frühlingstag, wenn in der Bockenheimer Anlage der Flieder blüht und duftet.

Dauer & Strecke: 1–1,5 Std. für 2,5 km.

Ausrüstung: Kamera für Schnappschüsse.

LAOTSE, LILIEN UND LEKTÜRE

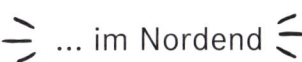 ⇒ ... im Nordend ⇐

 **#32**

Am Rande der Innenstadt zeigt Frankfurt seine exotische Seite und entführt ins ferne China. Das perfekte Fleckchen, um im aktuellen Lieblingsbuch zu schmökern, liegt gleich daneben. Im zur Frühlingszeit üppig blühenden Bethmannpark.

An den Garten des Himmlischen Friedens grenzt der Bethmannpark. In der warmen Jahreszeit findet man hier lauschige Plätzchen zum Lesen, umgeben von einer bunten Blütenpracht.

Hinter hohen Mauern verbirgt sich im Frankfurter Nordend ein exotisches Kleinod. Der Chinesische Garten, der auf den wunderbar geheimnisvoll klingenden Namen Garten des Himmlischen Friedens getauft ist. Seine Besucher lässt der Garten für einen Moment in ostasiatische Kulturen eintauchen. Und dafür braucht man nicht mal seinen Koffer packen und sich auf den Weg zum Frankfurter Flughafen machen. Leichtes Gepäck genügt vollkommen. Allerdings ist es empfehlenswert, bereits am Morgen, vor dem Weg zur Arbeit, die Lektüre vom Nachttisch einzupacken. Aber dazu später mehr.

Nun wird erst mal durch den Chinesischen Garten gewandelt. Der Eingang mit seinem imposanten Haupttor liegt am Anfang der Berger Straße, also dort, wo sich die Friedberger Anlage um den Bethmannweiher windet.

Ursprünglich hatte man vor, den anlässlich der Internationalen Gartenschau im Münchener Westpark gestalteten Chinesischen Garten nach Mainhatten umzuziehen. Daraus wurde nichts, doch war das Verlangen der Frankfurter nach einem eigenen Garten dieser Art nicht mehr aufzuhalten. So wurde 1985 das Vorhaben angegangen und 27 Containerladungen Baumaterial von China nach Frankfurt transportiert – 16 Experten gleich mit. Die Arbeit hat sich gelohnt und der Garten des Himmlischen Friedens wurde als ein »friedlicher Platz zum Ausruhen«, wie die Inschrift der Tafel am Wasserpavillon lautet, 1989 eröffnet.

Doch leider währte dieser friedliche Ort keine 30 Jahre. 2017 wurde ein Brandanschlag auf den Pavillon verübt. Der Garten blieb für die Öffentlichkeit geschlossen und die Arbeiten gingen erneut los. Seit Oktober 2019 können

Frankfurter und Gäste endlich wieder ihre exotische Auszeit im Nordend genießen und der Idee des Taoismus nachspüren. In der chinesischen Weltanschauung liegt nämlich der Ursprung dieser Gartenkultur.

Als wäre der Chinesische Garten nicht schon Grund genug, sich Richtung Berger Straße zu begeben, findet sich, an den Garten grenzend, ein zweiter, mindestens genauso triftiger: der Bethmannpark. Zweifellos einer der schönsten Parks in ganz Frankfurt und über die Stadtgrenze hinaus.

Ein Ort für Blumen- und Pflanzenfreunde, Sonnenanbeter und alle, die mit einem guten Buch der Großstadthektik entfliehen möchten. In andere Welten eintauchen – vielleicht sogar ins ferne China. Die Gärten sollen wahre Schätze sein.

FAZIT: WENN DIE CHINAREISE NOCH AUF SICH WARTEN LÄSST, TUTS AUCH EIN ABSTECHER INS NORDEND – VORERST ZUMINDEST.

Hin & weg: Von der S-Bahnhaltestelle Konstablerwache sind es 10 Min. zu Fuß bis zum Park und Garten.

Beste Zeit: Im Frühling, wenn alles grünt und blüht.

Dauer: Schon ab 1 Std. ein Genuss.

Ausrüstung: Die aktuelle Lieblingslektüre.

DIE LETZTE RUHE

 ... auf dem Hauptfriedhof im Nordend

 #33

Ein Ort der Stille, des Erinnerns. Stadtmüde Seelen lassen hier ihren Gedanken freien Lauf, philosophieren über Zeit und Sein und halten Ausschau nach den ersten Frühlingsvorboten. Ein meditativer Spaziergang über den Frankfurter Hauptfriedhof.

Hinter dem Hauptportal liegt die Gruftenhalle, erbaut in Form einer Galerie.

Hier, wo sich die Lebensgeschichten vieler Frankfurter Bürger versammeln, ist der heutige Halt nach Feierabend. Der Hauptfriedhof im Norden der Stadt ist nicht nur ein geschichtsträchtiger Ort, sondern auch einer der schönsten Erinnerungsorte der Region. Unmittelbar an den Hauptfriedhof grenzt der Alte Jüdische Friedhof – der größte von zwölf Bestattungsplätzen jüdischer Bürger. Eröffnet wurden beide Friedhöfe 1828.

Von der Rat-Beil-Straße geht man durch das Hauptportal des Friedhofes, einem weißen im klassizistischen Stil gestalteten Bauwerk mit dorischen Säulen. Auf dem Friedhofsgelände stößt man zunächst auf die rechts von einem liegende Gruftenhalle. Die ist ebenso wie schon das Portal im Stil des Klassizismus erbaut. Unter der Galerie mit ihren Arkaden oberhalb eines Sockels aus rotem Sandstein

liegen 57 Gruften. Während des Zweiten Weltkrieges wurde ein großer Teil der Gruftenhalle zerstört und nach dem Krieg wiederaufgebaut. Zuletzt wurde die Halle 2014 saniert, nachdem das Gebäude Vandalismus zum Opfer fiel.

Die Gruftenhalle hinter sich lassend, führt der Pfad weiter über das weitläufige Areal. Zwischen den kunstvollen Grabmälern im Schatten hoher Bäume spaziert man über die Wege und erlebt ein Stück Frankfurter Begräbniskultur. Bekannte Persönlichkeiten der Stadt liegen hier auf dem Hauptfriedhof begraben. Menschen, die die Stadt bis in die Gegenwart prägen. Die Philosophen Arthur Schopenhauer und Theodor W. Adorno finden hier ihre letzte Ruhe. Wie auch der Psychiater und Neuropathologe Alois Alzheimer, die Schriftstellerin Ricarda Huch und der Literaturkritiker Marcel Reich-Ranicki. Unmittelbar vor Alzheimers Ehrengrab ist ein

Auf dem Areal begegnet man bekannten Namen wie Arthur Schopenhauer und Theodor W. Adorno.

kleines Schild in der Erde platziert: »Ich frage Sie ja auch nicht, wie alt Sie sind. (Reaktion einer alten Dame mit Demenz auf die Frage nach ihrem Alter.)«, ein Zitat von Alzheimer.

Gleich hinter der Gruftenmauer liegt der Alte Jüdische Friedhof. Auch hier spaziert man an imposanten Grabstätten vorbei und trifft auf bedeutende Namen. Da wären die Bankiersfamilie Rothschild, die Frauenrechtlerin Bertha Pappenheim, Arzt und Nobelpreisträger Paul Ehrlich und der Maler Moritz Daniel Oppenheim. Je nach Jahreszeit schließt der Friedhof früher oder später seine Pforten. Am längsten, nämlich bis 21 Uhr, kann man von Mai bis August umherschlendern und über das Leben sinnieren. Im Winter ist ein Besuch leider nur etwas für den frühen Feierabend. Dann schließt der Friedhof bereits um 16 Uhr, im April, September und Oktober um 18 Uhr.

FAZIT: EIN STADTSPAZIERGANG DER FRIEDLICHSTEN ART. PERFEKT FÜR PFLANZENFREUNDE UND HOBBY-PHILOSOPHEN.

Hin & weg: Mit U5 bis Hauptfriedhof.

Beste Zeit: An einem freundlichen Frühlingstag.

Dauer: Mindestens 1 Std. sollte man sich Zeit nehmen.

Ausrüstung: Kopfbedeckung für die Herren beim Spaziergang über den Alten Jüdischen Friedhof.

BUNTE ZEITEN

... im Ostend, in Bornheim und in der Innenstadt

#34

Großflächige Murals, die ganze Häuserfassaden kleiden, kreative Sticker-Art und Graffiti. Ganz Frankfurt steckt voller Straßenkunst, die man im Vorübergehen entdecken kann. Ein Street-Art-Spaziergang zum Staunen, Schmunzeln und Nachdenken.

#Streetart #Dosenkunst #Freiluftmuseum

Von illegaler Ordnungswidrigkeit zur Kunst der Gegenwart. Street-Art hat sich nach jahrelangem Kampf um Akzeptanz zu einer eigenständigen Kunstrichtung entwickelt. Und immer schwingt auch etwas Geheimnisvolles mit sich. Denn wer urbane Räume mit seinen Wandbildern schmückt, bleibt oftmals anonym. Weltberühmtes Beispiel: der Sprayer Banksy.

Ob Niederrad, Bornheim oder mitten in der Innenstadt. In ganz Frankfurt findet man Street-Art in all ihren Facetten. Ein besonderes High-light gibt's am Ratswegkreisel zu bestaunen. Denn hier leuchtet Spaziergängern die Hall of Fame Frankfurt mit wechselnden Werken verschiedener Künstler vom Beton entgegen.

Eines der bekanntesten Murals in Frankfurt kennen sicherlich all jene, die schon mal mit dem Zug in den Frankfurter Hauptbahnhof eingefahren sind: Das »Yeboah-Haus«, ein Projekt gegen Rassismus. Dieser drei Kilometer lange Spaziergang führt an weiteren Perlen der Frankfurter Street-Art-Szene vorbei.

Das Mural »Bulle und Bär« von Guido Zimmermann in der Gaußstraße.

Los geht's in der Friedberger Landstraße, wo man gleich zweifach fündig wird. An der Ecke zur Gaußstraße blickt einem das Porträt des gleichnamigen Mathematikers entgegen.

Gleich daneben liefern sich »Bulle und Bär« einen erbitterten Kampf. Das Mural ist ein Werk des Künstlers Guido Zimmermann, in Frankfurt geboren und mittlerweile bis weit über das Rhein-Main-Gebiet bekannt.

Durch die Gaußstraße und die Merianstraße spazierend, stößt man schon bald auf die Berger Straße, wo aus dem oberen Stockwerk der Hausnummer 40–42 eine nicht ganz reale ältere Dame aus dem Fenster schaut und das Leben auf der »Berger« durch dicke Brillengläser zu beobachten scheint.

Die nächste Station ist die Naxoshalle. Das ehemalige Fabrikgebäude ist heute ein Ort für Kulturveranstaltungen und auch Street-Art gibt's hier zu bewundern. Nach dem Streifzug durch das charmante Industriegelände schlen-

An der Naxoshalle und der Kreuzung Baumweg/Königswarterstraße wartet auch Street-Art.

dert man durch die Mousonstraße und biegt kurz darauf nach links in den Sandweg ein. Noch vor der Kreuzung zum Baumweg und der Königswarterstraße erblickt man ein weiteres leuchtend buntes Mural auf weißem Grund.

Durch den Baumweg landet man bald erneut auf der Berger Straße samt dem legendären »Geisterhaus«. Die Fassade der Hausnummer 8 ist ein Gemeinschaftsprojekt der Frankfurter Künstler Spot und Il-Jin »Atem« Choi. Nun noch einmal durch den schönen Bethmannpark und die Friedberger Anlage flanierend, geht's zum letzten Ziel für diese Tour: das ehemalige Polizeigefängnis Klapperfeld, das mit einem Mural zum Nachdenken auffordert.

Hin & weg: Von der Konstablerwache sind es knapp 10 Min. Fußmarsch bis zum ersten Halt in der Friedberger Landstraße. Von der letzten Station, dem ehemaligen Polizeigefängnis Klapperfeld, sind es nur zwei Fußminuten zur »Konstabler«.

Beste Zeit: Von Frühling bis Herbst.

Dauer & Strecke: 1–1,5 Std. für 3 km.

Ausrüstung: Kamera für Schnappschüsse.

Übrigens: GPX-Download auf Seite 229.

FAZIT: STREET-ART-SPOTS AUS NÄCHSTER NÄHE. FRANKFURTER FASSADEN JENSEITS VON GLÄSERNEN WOLKENKRATZERN.

AUF DIE OHREN

≥ ... in der Fabrik in Sachsenhausen ≤

 # 35

Einst Mineralölfabrik, heute ein Filetstück der Frankfurter Kulturszene. Livemusik, Kabarett und Poetry Slam locken in den lauschigen Gewölbekeller der Fabrik nach Sachsenhausen. Gute Unterhaltung allzeit garantiert.

Bevor man im Gewölbekeller dem Musikprogramm lauscht, lässt es sich im idyllischen Sommergarten der Fabrik wunderbar auf den Abend einstimmen.

Hortensien weisen den kopfsteingepflasterten Weg vom Mittleren Hasenpfad in den Hof des Industriedenkmals. Bis in die 1970er-Jahre war die alte Mineralölfabrik in Sachsenhausen noch in Betrieb. Doch schließlich bedrohte die Entwicklung der Ölindustrie die Existenz der Raffinerie massiv und so wurde sie geschlossen. Nach Jahren des Leerstands hauchte die Peter Paul und Emmy Wagner-Heinz Stiftung dem Gelände 2004 wieder Leben ein.

Emmy Wagner wurde nach dem Tod ihres Mannes alleinige Unternehmensinhaberin. Sie schuf in der denkmalgeschützten Fabrik einen kulturellen Ort, an dem internationale und nationale Künstler regelmäßig ein vielfältiges Repertoire zum Besten geben. Klänge verschiedenster Genres, wie Blues, Chanson, Jazz, Folk und Pop, wehen regelmäßig aus dem historischen Gewölbekeller in den Hof. Dane-

ben können sich Gäste über unterhaltsame Abende bei Kabarett, Poetry Slam, Lesungen, Dialogen und Debatten freuen.

Jeden ersten Montag im Monat performen bei der Jam Session bekannte Local Heros mit Newcomern der Szene. Improvisationstalent ist hier gefragt, wenn legendäre Klassiker neu interpretiert und in vorher nicht dagewesener Künstlerkonstellation gespielt werden. Besucher kommen dabei jedes Mal aufs Neue in den Genuss einer musikalischen Überraschung.

Neben der Musik werden zu Diskussionsabenden mit dem Sozialwissenschaftler Dr. Konrad Schacht in der Fabrik regelmäßig Gäste eingeladen, die eine bedeutende Rolle für die Metropole am Main spielen. So plauderte der Soziologe bei der Reihe »Frankfurter Gespräche« schon mit der Redakteurin im Feuilleton

der FAZ und Autorin Verena Lueken über ihren ersten Roman »Alles zählt«. Während man das breite Angebot kultureller Veranstaltungen genießt, kommen natürlich auch die kulinarischen Gaumenfreuden nicht zu kurz. Im Restaurant des Gewölbekellers wird während der Event-Abende á la carte serviert. Besonders herrlich sitzt es sich auch im Biergarten im idyllischen Hof. Den teilt sich die Fabrik mit dem Atelier Goldstein. Das sogenannte Outsider Art Atelier der Lebenshilfe Frankfurt am Main e.V. wurde im Jahr 2001 gegründet und dient als Produktionsstätte für talentierte Künstler*innen mit Beeinträchtigungen.

Im Biergarten, der liebevoll auf den Namen Sommergarten getauft ist, kann man von Mai bis Oktober bis 22 Uhr am Dämmerschoppen schlürfen und sich bei kleineren Speisen und feinen Gerichten verwöhnen lassen.

FAZIT: GROSSARTIGES KULTURPROGRAMM IN KULTIGER LOCATION – GUTES ESSEN UND DRINKS INKLUSIVE.

Hin & weg: Diverse RBs und S-Bahnen fahren bis Frankfurt-Südbahnhof. Außerdem U1, U2, U3 oder U8 und Tram 12, 15, 16, 18 und 19. Von hier sind es nur wenige Gehminuten bis zur Fabrik.

Beste Zeit: Am schönsten an einem freundlichen und warmen Tag zwischen Mai und Oktober. Dann kommen Gäste in den Genuss des Sommergartens.

Dauer: Je nach Veranstaltung 2–3 Std.

Ausrüstung: Geld für Eintritt, Speis' und Trank.

SIEBEN TÖNE GRÜN

≥ ... das Grüne-Soße-Denkmal in Oberrad ≤

#36

Kunst im öffentlichen Raum besichtigen, inklusive der Aussicht auf einen besonderen kulinarischen Genuss. Heute dreht sich alles um DAS Frankfurter National-gericht. Achtung Spoiler: Es geht grün zu.

Künstlerin Olga Schulz setzte den Grüne-Soße-Kräutern ein Denkmal in Oberrad.

Nicht zwei, nicht drei – nein sage und schreibe sieben Gewächshäuser stehen im Frankfurter Stadtteil Oberrad in Reih und Glied. Nur irgendwas scheint zu fehlen, bei allen sieben Häuschen. Und zwar das Gewächs, das hinter dem von der Sonne wärmenden Glas eigentlich munter sprießen sollte.

Es grünt aber dennoch hier am Feldrand. Anstelle von Pflanzen schimmert das Polycarbonglas der sieben Gewächshäuser in verschiedenen Grünschattierungen. Besonders schön leuchten die Farben an sonnigen Tagen. Und wenn am Ende des Tages die tief stehende Sonne ihr magisches Lichtspiel präsentiert.

Borretsch, Kerbel, Kresse, Petersilie, Pimpinelle, Sauerampfer und Schnittlauch. Das sind die Zutaten, die in die original Frankfurter Grüne Soße gehören. Die Frankfurter legen großen Wert auf die Zusammensetzung ihrer Lieblingskräutersoße. Mal eben den Schnittlauch gegen Dill oder Zitronenmelisse austauschen? Man unterstehe sich. Die Komponenten der »Grie Soß« sind so gewiss wie die Beilagen: hartgekochte Eier und Pellkartoffeln. Und so sicher, wie folgende Legende falsch ist. Nämlich die, dass Goethes Mutter, Catharina Elisabeth, die Erfinderin des Gerichts sei. Dennoch gilt Frau Ajas – wie der Spitzname der Frankfurterin lautet – Rezept der Frankfurter Grünen Soße als das älteste gedruckte seiner Art.

Klare Sache, dass solch einem schmackhaften Gericht ein Denkmal gebührt. In Oberrad errichtete die Künstlerin Olga Schulz die sieben Gewächshäuser. Dabei huldigt jedes Häuschen einem der Grüne-Soße-Kräuter. Eingeweiht wurde das Ehrenmal im Mai 2007 und hat passenderweise seinen Platz dort gefun-

Unweit der Häuschen werden die Kräuter angebaut, die wenig später als Soße auf dem Teller landen.

den, wo in Rufweite die geschätzten Kräuter angebaut werden. Sogar die unterschiedlichen Farben der Häuschen kommen nicht von ungefähr. Das Kerbel-Häuschen leuchtet in einem zarten Hellgrün. Unter dem Dach des Schnittlauchs schaut's fast schon tannengrün aus.

Zum Abrunden dieses Feierabendausflugs nach Oberrad fehlt jetzt natürlich noch ein wesentliches Detail. Richtig! Das traditionelle Gericht auf dem Teller. Keine 10 Gehminuten von dem Denkmal entfernt lädt das Restaurant Grüne Soße und mehr seine Gäste zum Verweilen und Genießen ein. Alternativ begibt man sich von Oberrad Richtung Alt-Sachsenhausen und nimmt das Traditionsgericht in einer der urigen Apfelweinwirtschaften ein. Besonders köstlich schmeckt die »Grie Soß« zum Beispiel bei Frau Rauscher in der Klappergasse. Wohl bekomm's!

FAZIT: ERST DIE KUNST, DANN DIE KULINARIK. EINE UNSCHLAGBARE KOMBI!

Hin & weg: Mit den Straßenbahnlinien 15 oder 16 bis Haltestelle Bleiweißstraße. Von hier sind es keine 5 Min. zu Fuß zum Denkmal.

Beste Zeit: Von Frühling bis Herbst. Wobei die Grüne Soße im Frühling am besten schmeckt.

Dauer: 2 Std. fürs Betrachten der Kunst und den Ausklang im Restaurant.

Ausrüstung: Geld für die Einkehr.

VON HIBBE NACH DRIBBE

∋ ... in Sachsenhausen ∈

Ein Garant für glückselige Feierabendstunden: ein ausgiebiger Spaziergang
im absoluten Lieblingsszeneviertel. Auf
geht's nach »dribb de Bach« - Fachwerk-
liebe, Bio-Eis und Skyline-Schwärmereien
inklusive.

#hipsterlike #dribbdeBach #IceIceBaby #FraaRauscher

Es gibt unzählige Gründe, dem Stadtteil Sachsenhausen einen Besuch abzustatten. Da wären das Museumsufer, das Apfelweinviertel in Alt-Sachsenhausen und einige der besten Restaurants der ganzen City. Noch wartet hier eine der schönsten Aussichten auf die Bankentürme – besonders herrlich, wenn man von der Alten Brücke nach »dribb de Bach« spaziert. Eine Lieblingsecke im charmant lässigen Sachsenhausen ist das Brückenviertel,

auch unter dem Namen Brückenwall bekannt. Das hat sich nonchalant zum Kreativviertel der Mainmetropole gemausert.

Bevor es so richtig szenig und angesagt wird, stattet man dem urigen Apfelweinviertel einen Besuch ab. Von der Alten Brücke auf das Sachsenhäuser Mainufer spaziert, hält man sich links und ist im Nu in einer anderen Welt, mit kleinen Gässchen, Kopfsteinpflaster und ge-

In Sachsenhausen trifft urig auf szenig. Vom touristischen Apfelweinviertel ist es nur ein Katzensprung in den kreativen Brückenwall mit originellen Läden und Cafés.

mütlichen Kneipen. In der Klappergasse trifft man außerdem auf ein echtes Frankfurter Original. »Fraa Rauscher« soll im 19. Jahrhundert hier im Gässchen gewohnt haben, um die sich eine Legende rankt.

Eines Nachmittags fanden ein paar Halbwüchsige Fraa Rauscher auf der Straße liegend, mit einer Beule am Kopf. Die Jungs machten sich darüber lustig und so zog die Situation die Aufmerksamkeit der Polizei auf sich. Der Beamte leitete eine Ermittlung über die Beule ein. Er wollte herausfinden, ob die Verletzung auf Gewaltanwendung ihres Göttergatten zurückzuführen wäre oder ob Fraa Rauscher zu tief ins Äppelwoiglas geguckt hätte. Er ging dem Vorfall so akribisch nach, dass die Kopfschwellung es sogar am nächsten Tag in die Zeitung schaffte und zu ordentlich Gesprächsstoff beitrug.

Heute erinnert ein Denkmal an die Frankfurterin und ihre Beule. Genauso wie die gleichnamige Apfelweinwirtschaft Frau Rauscher, gleich neben der Statue.

In Rufweite vom Apfelweinviertel liegt der Affentorplatz. Von hier aus am besten in die Wallstraße einbiegen und sich nun viel Zeit nehmen. Denn hier gibt's viel Wunderbares zu entdecken. Modeateliers reihen sich an Platten- und Spirituosenläden. Dazwischen locken fabelhafte Cafés und Restaurants, wie das Safran & Sauerkraut.

Ein weiteres gastronomisches Highlight wartet an der nächsten Straßenecke. Mit einem Fünkchen Glück ergattert man bei Bizziice ein Plätzchen in der Sonne und kann dem bunten Brückenviertel-Treiben zu sehen. Je nach Gusto bei Eis, Kaffee und/oder Kuchen – alles in Bio.

Köstlich geht es weiter in der Kleinen Brücken-
straße. Genauer gesagt im L'Atelier des Tartes.
Wie der Name schon sagt, wird man hier mit
französischen Kuchenvariationen verwöhnt –
sowohl süß als auch herzhaft in täglich wechselnden Kreationen.

Zum Ende des Streifzugs bleibt nur noch eine
Frage nach einem netten Ort für einen Absacker, bevor man heimwärts spaziert oder sich
von U- und S-Bahn heimchauffieren lässt. Als
Entscheidungshilfe seien zwei Lokalitäten in
den Raum gestellt. Zunächst wartet hinter
kunstvoller Fassade in der Schweizer Straße
eine der ältesten Apfelwirtschaften Frankfurts:
Zum Gemalten Haus. Als Kontrast zur Traditi-
onsgaststätte kann man sich auch auf einer
der Holzbänke im Lokalbahnhof niederlassen
und durch eine feine Auswahl regionaler Weine kosten. Na, wo darf es heute hingehen?

Hin & weg: Bis zur U-Bahn-Station Dom/Römer und
weiter zu Fuß über die Alte Brücke.

Beste Zeit: An einem lauen Sommerabend
schmeckt das Eis bei Bizziice besonders vorzüglich.

Dauer: 2–3 Std.

Ausrüstung: Kleines Budget für Einkehr oder
Souvenir.

ORT DES STAUNENS

⋝ ... der Kunstverein Familie Montez im Ostend ⋜

#38

Unter den Rundbögen der Honsellbrücke verborgen liegt ein solch wilder, fantastischer und kreativer Ort, der sogar einen Großteil der Berliner Kunstszene blass aussehen lässt. Die Familie Montez lädt ein zum Erfahren von Kunst in all ihren Formen in einem einzigartigen Ambiente.

#Kunst #unterderBrücke #Stadtoase #LolaMontez

Ein Feierabend genügt kaum, um alle Kunstwerke zu begutachten. Wiederkommen lohnt unbedingt!

Gleißendes Licht dringt durch die Fenster und bringt die Werke in den Ausstellungsräumen zum Strahlen, als wäre die Sonne Teil der Inszenierung. Nicht selten überkommt ein Gefühl der Ehrfurcht Besucher beim Betreten der Halle. Man weiß gar nicht, wohin man zuerst schauen soll. Geblümte Vintage-Sessel stehen neben antiken Möbelstücken. Hund Gabi trottet durch den Ausstellungsraum und lässt sich auf einem der Perserteppiche nieder. Und dann die Kunst. Vom Boden bis zur Decke. Bunt, schwarz-weiß, grell, provokativ. Überall ist sie hier zu finden. Sogar auf der Toilette.

Jeder ist willkommen beim Kunstverein Familie Montez im Ostend. Genauer gesagt unterhalb der Honsellbrücke in den beiden denkmalgeschützten Rundbögen. Seinen Ursprung hat der Verein in der Städelschule in Frankfurt. 2007 gründeten die Künstler Mirek Macke

und Anja Czioska die Familie Montez, deren Namensgeberin Lola Montez ist. Die irische Tänzerin, die im 19. Jahrhundert lebte, war die Geliebte König Ludwig I. von Bayern. Sie war bekannt für ihr skandalöses Leben und ihre Streifzüge durch München, mit Zigarre und Dogge Turk. Wie es Lola wohl bei der Familie Montez gefallen würde? Sicher wäre der freie und tolerante Ort ganz nach ihrem Geschmack.

Der Kunstverein war zunächst in der Innenstadt zwischen Konstabler und Zoo zu Hause. Vor allem die Kunst der Städelschule wurde gezeigt. Von Kommilitonen, aber auch von Professoren.

2012 verkaufte der Besitzer das Gebäude, in dem die Familie Montez ihre Ausstellungsräume eingerichtet hatte, und der familiäre Kulturkosmos musste weichen. Nach dem Auszug tourte der Kunstverein ein Jahr durch Deutsch-

Aufseher und quasi Teil des Inventars: Hund Gabi.

land. Montez im Exil nannten sie das Projekt, bei dem sie mit einem VW Bus durch sieben Städte mit Kunstakademien zogen. An jedem Ort spendeten Künstler Werke. Nach der Aktion kam die Familie Montez mit mehr als 300 Kunstwerken nach Frankfurt zurück.

Schauplatz der zeitgenössischen Kunstwerke ist heute die Location unter der Honsellbrücke, in der der Verein seit 2014 zu Hause ist. Neben Dauerausstellungen und wechselnden Projekten gibt's immer wieder spannende Events. Vortragsreihen, Filmaufführungen, Performances, Konzerte, Yoga und Sommerakademien. Und dann ist die Familie Montez einfach ein Ort zum Treffen und Plaudern. Im Herbst und Winter an der Bar in den gemütlichen Sesseln und zur warmen Jahreszeit draußen in den Liegestühlen vor den großen Fenstern. Mit Blick auf die Stadt und Kunst im Rücken.

FAZIT: ZEITGENÖSSISCHE WERKE IN EINER AUSSERGEWÖHNLICHEN LOCATION. ALSO AUF INS OSTEND, UM SICH INS ALTERNATIVE KUNSTVERGNÜGEN ZU STÜRZEN.

Hin & weg: Mit RB58, RE54, RE55, RE59, RE85, U6 oder Tram 11, 12 oder 14 bis Ostbahnhof.

Beste Zeit: An einem sonnigen Herbsttag. Montags bleibt das Haus geschlossen. Dienstags bis freitags öffnet die Familie Montez bis 19 Uhr ihre Türen.

Dauer: Mindestens 1,5 Std Zeit nehmen.

Ausrüstung: Der Eintritt ist frei, aber etwas Geld für Getränke schadet nicht.

ZEIT-ZEUGEN

 ... ein Stolperstein-Rundgang im Westend

#39

Persönlichen Schicksalen begegnet man bei diesem Spaziergang, den Blick nach unten gerichtet. Mehr als 1500 Stolpersteine wurden in den Straßen der Mainmetropole verlegt – gegen das Vergessen der Opfer des Nationalsozialismus und für eine Kultur des Erinnerns.

#niemalsvergessen #Stadtgeschichte #Gedenkspaziergang

»Hier wohnte Agnes Therese Gottschalk«, steht auf der glänzenden Messingplatte zwischen den dunkelgrauen Pflastersteinen in der Liebigstraße 27b. Die Tochter des Fabrikanten Salomon Fröhlich und dessen Frau Rosalie kam am 18. April 1881 zur Welt. Ursprünglich in Kassel wohnend, zog sie schließlich nach Frankfurt. Das Leben der Frau aus einer jüdischen Familie nahm während der Schreckensherrschaft der Nationalsozialisten einen tragischen Verlauf. Wenige Tage vor der vierten großen

Deportation, bei der mehr als 900 Menschen aus Frankfurt nach Polen verschleppt wurden, wählte Agnes Therese Gottschalk den Freitod.

Bei diesem 3,5 Kilometer langen Rundgang durchs Westend begibt man sich auf die Spuren der vertriebenen und deportierten Personen Frankfurts. Beginnend in der Bockenheimer Landstraße folgt man den kleinen quadratischen Platten im Bordsteinbelag. Initiator des Verlegens der Gedenksteine ist der

Kölner Künstler Gunter Demnig. Unter stolpern versteht er nicht, dass die Steine jemanden zu Fall bringen, sondern ein Stolpern mit dem Herz und dem Kopf. Wer das Projekt unterstützen möchte, kann Steinpatenschaften übernehmen oder die Platten reinigen.

Zurück auf die Bockenheimer Landstraße. An der Hausnummer 79 wird Rosa Lorenz gedacht. Die Jüdin war mit dem Protestanten Max Lorenz verheiratet; im Juni 1939 flüchtete sie sich vor den Nationalsozialisten in den Tod. Ihre Tochter Lieselotte wurde Psychologin, jedoch 1933 als »Mischling 1. Grades« von der Universität verwiesen. Nach dem Krieg half sie bei Wiedergutmachungsanträgen, war Vorstandsmitglied des Frankfurter und auch des hessischen Frauenverbands. 1960 wurde Dr. Lieselotte Winkler mit dem Bundesverdienstkreuz ausgezeichnet.

Durch die Mendelssohnstraße spazierend, biegt man schließlich auf die Westendstraße, immer wieder den Blick zum Asphalt gerichtet. Ecke Kettenhofweg, an der Hausnummer 125, ist der nächste Halt. »Johanna Adler« ziert hier eine Messingplatte. Die gebürtige Hamburgerin mit der bemerkenswerten Sopranstimme

Gegen das Vergessen. Initiator des Verlegens von Stolpersteinen ist der Künstler Gunter Demnig.

studierte Gesang und stand gemeinsam mit berühmten Musikern und Dirigenten auf Bühnen in Deutschland und Europa. Im September 1942 wurde sie im KZ Treblinka ermordet. Eine Adorno-Gedenktafel fällt am Nachbarhaus ins Auge. Hier lebte der Philosoph, Soziologe und Komponist nach seiner Rückkehr aus dem US-amerikanischen Exil bis zu seinem Tod.

Nochmals die Bockenheimer Landstraße passierend, trifft man in der Siesmayerstraße 8 auf Stolpersteine, die an Otto und Johanna Rothschild erinnern. Die nächsten Steinen liegen im Grüneburgweg 150 und in der Wiesenau 53. In einer der Altbauwohnungen lebten die Schwestern Fanny und Helene Hertz, bis sie im Jahr 1942 nach Theresienstadt verschleppt und ein Jahr später ermordet wurden.

In der Feldbergstraße stößt man erneut auf schmerzliche Familienschicksale, bevor der Rundweg an der Orthodoxen Westend-Synagoge vorbeiführt. 1908 bis 1910 erbaut, ist die Synagoge das größte geistliche Zentrum der

jüdischen Gemeinde in Frankfurt. Trotz schweren Schäden während der Novemberpogrome 1938 und der Angriffe im Zweiten Weltkrieg, überstand die Westend-Synagoge als einzige der vier großen Synagogen der Stadt diese Zeit. An der Ecke des Erich-Fromm-Platzes geht der Spaziergang des Erinnerns weiter, bevor man nach rechts auf die Eppsteiner Straße biegt und durch die Wiesenau auf die Bockenheimer Landstraße, den Start des Rundweges, trifft.

Hin & weg: Mit U6 oder 7 bis Westend.

Beste Zeit: Zu jeder Jahreszeit. Tage zum Reinigen der Steine und um Kerzen zu entzünden sind der Internationale Tag des Gedenkens an die Opfer des Holocaust am 27. Januar und der Tag des Gedenkens an die Novemberpogrome 1938 am 9. November.

Dauer & Strecke: 1,5 bis 2 Std. für 3,5 km.

Ausrüstung: Bequemes Schuhwerk, Kerzen oder Rosen. Für ausführliche Hintergrundinformationen zum Thema Stolpersteine in Frankfurt empfiehlt sich ein Blick auf www.stolpersteine-frankfurt.de

Übrigens: GPX-Download auf Seite 229.

> **FAZIT: VON SCHICKSALEN UND STADTGESCHICHTE – EIN SPAZIERGANG DER ANDACHT UND GEGEN EINE WEGSCHAUKULTUR.**

PLACE TO BE

⋝ ... in der Brotfabrik in Hausen ⋜

Ein besonderes kulturelles Zentrum wartet im beschaulichen Hausen nur eine kurze U-Bahnfahrt von der City entfernt. Wo einst Brot gebacken wurde, lauscht man heute Musik abseits der Charts, wird von kreativen Talenten bei Poetry Slams unterhalten und schwingt zu latein-amerikanischen Melodien die Hüften.

#SalsaNight #KulturundGeschichte #Dichtkunst #TanzundToleranz

Seit 2005 bietet das Kulturprojekt 21 e. V. Kulturevents abseits des Mainstream.

Noch bevor der Mensch schrieb, tanzte er. Im Altertum zierte man in Indien Wände mit anmutigen Tänzerinnen. Im Hinduismus verehrt man den »König des Tanzes«, dessen Namen Shiva auch »Glücksverheißender« bedeutet. Und genau das beschert das Tanzen: Glücksgefühle en masse.

Mit rhythmischen Bewegungen übers Parkett gleiten. Hier eine Drehung, dort ein Solo. Sich den temperamentvollen Klängen hingeben. Ganz egal, ob gerade Salsa, Milonga oder Soul aus den Boxen dringt. Nur einen Wimpernschlag später fällt jeglicher Alltagsstress ab. Ganz bestimmt!

Der *place to be*, um wie Jennifer Grey und Patrick Swayze über die Tanzfläche zu gleiten, ist die Brotfabrik in Hausen, genauer gesagt: das Kulturprojekt 21 e. V. Aber natürlich sind

171

Fast 100 Jahre, bis 1972, ging man in der Fabrik dem Bäckerhandwerk nach.

auch blutige Anfänger herzlich willkommen in dem imposanten Backsteingebäude, wo einst Backwaren in große Öfen geschoben wurden.

Von Ende des 19. Jahrhunderts bis 1972 ging man in den Hallen dem Bäckerhandwerk nach. Danach übernahm ein Teppichhändler die Liegenschaft. Heute teilt sich der Verein Kulturprojekt 21 e. V., der allseits unter dem Namen Brotfabrik bekannt ist, fast 1500 Quadratmeter mit anderen Projekten.

Eine Kizomba-Tanzschule findet man hier genauso wie das Frankfurter Autoren Theater. Außerdem zwei Lokale, in denen man sich kulinarisch verwöhnen lassen kann. In der Genießbar werden Gerichte aus regionalem und nachhaltigem Anbau kredenzt und schräg gegenüber lädt das KP21 zu gemütlichen Stunden ein. Der ideale Auftakt, um sich im Anschluss ganz dem Kulturprogramm nebenan zu widmen.

Ob Poetry Slams, Lesungen und Dialoge zu gesellschaftlichen Themen und Konzerte internationaler Künstler. In der Brotfabrik werden Veranstaltungen abseits des Mainstreams geboten. Ein musikalisches Highlight 2020 war die Show von Oum, einer marokkanischen Künstlerin, die in der Brotfabrik ihr drittes Album »Daba« zum Besten gab. Eine Mischung aus Soul, Jazz und elektronischer Musik, die eine spannende Symbiose mit arabischen Klängen eingeht.

Genussvoll und gemütlich geht's im Restaurant KP21 auf dem Gelände zu.

Alle zwei Monate zum Wochenbeginn geht's in Hausen bei der Vortragsreihe »Webmontag« in die Welt von IT, Marketing und Wissenschaft und die Salsa-Discos am Mittwoch sind weit über die Stadtgrenze Frankfurts bekannt. Sogar aus Würzburg pilgert man regelmäßig für das legendäre Event ins beschauliche Hausen. Bei einem Schnupperkurs werden Anfänger in die Kunst der lateinamerikanischen Tänze eingeführt. Grundschritte und einfache Variationen werden geübt, bevor der Kurs in eine rauschende Party übergeht.

Gut möglich, dass man der Versuchung nicht widerstehen kann und auch auf dem Heimweg weiter tänzelt. Die Straße als Dancefloor und die Musik der Stadt, die den Rhythmus vorgibt.

FAZIT: TANZ TRIFFT AUF KULTUR UND TOLERANZ. DIE BROTFABRIK IST EIN FANTASTISCHER GRUND, UM HAUSEN MAL WIEDER EINEN BESUCH ABZUSTATTEN.

Hin & weg: Mit U6 oder U7 bis Große Nelkenstraße.

Beste Zeit: Zu jeder Jahreszeit, aber genau richtig für einen (tristen) Herbsttag.

Dauer: Je nach Event 2–3 Std.

Ausrüstung: Ein kleiner Obolus für das Kulturprogramm. Für den Salsa-Abend bequeme Schuhe und luftige Kleidung.

BÜHNEN-SPEKTAKEL

⟩ … im Künstlerhaus Mousonturm im Ostend ⟨

#41

Eine alte Seifenfabrik im Ostend. 4000 Quadratmeter prall gefüllt mit Kultur. Das Künstlerhaus Mousonturm ist bei Kennern national wie international bekannt. Wer noch nicht da war, sollte das schleunigst nachholen.

Schon das Vorbeispazieren am Mousonturm sorgt für Gesprächsstoff. Noch anregender sind die kulturellen Darbietungen hinter der Fassade.

»The future will be confusing«, leuchtet all jenen, die durch die Waldschmidtstraße im Frankfurter Ostend spazieren, in bunten Lettern entgegen. Die Neoninstallation an der Vorderseite des Mousonturms ist eines von zwei Werken, die der englische Theaterautor und Lichtkünstler Tim Etchells für das Haus schuf. Das zweite schmückt eine Wand des Foyers. Alle Buchstaben des Statements über eine verwirrende Zukunft sind hier wild durcheinander gewürfelt.

Wild ist auch die Mischung an Darbietungen, die Besucher in dem freien Theater erwarten dürfen. Von Tanz und Performance über Bildende und Medienkunst bis hin zu Literatur, Film, Clubart und eben dem Theater. All das spielt sich ab in historischer Kulisse. Im Mousonturm, der mit 33 Metern Höhe einst als das erste Hochhaus Frankfurts die Stadt am Main

überragte. Ende des 19. Jahrhunderts verlegte der Unternehmer August Friedrich Mouson seine Seifen- und Parfumfabrik aus dem Frankfurter Zentrum ins Ostend, das zu dieser Zeit weniger bebaut war. Später wurde das Gelände erweitert. Unter anderem um einen Klinkerbau mit einigen Elementen des Expressionismus, den Mousonturm. In den 1970er-Jahren wurden die Seifenfabrik verkauft und die Gebäude, bis auf den Turm, abgerissen.

Etwa ein Jahrzehnt später eröffnete in dem denkmalgeschützten Gebäude das Künstlerhaus Mousonturm als eine der ersten freien Produktionsstätten in Deutschland und zählt heute auch international zu den erfolgreichsten seiner Art. Auf den mehr als 4000 Quadratmetern sind heute ein Theatersaal, zwei Studiobühnen, Probebühnen, Werkstätten und Ateliers beheimatet.

Viel Raum also für Kulturbegeisterte, um für ein paar Stündchen dem Alltag zu entfliehen. Vielfalt ist hier das Zauberwort. Das Programm des Künstlerhauses überrascht immer wieder mit Aufführungen zahlreicher Fasson. So erzählen bei der Performance »All the Sex I've Ever Had« Menschen ab 65 Jahren aus und um Frankfurt von ihren erotischen Erfahrungen oder Tara Nome Doyle gibt ihre feinfühlige Musik zum Besten.

Zum Einstimmen auf die Veranstaltung oder für die Post-Kultur-Gespräche lädt das Lokal im Künstlerhaus zum Verweilen ein. Auf den Holzbänken vor der Klinkerfassade oder drinnen in gemütlichen Sesseln genießen Gäste des Theaters – und natürlich alle hungrigen und durstigen Ostend-Spaziergänger – wechselnde hausgemachte Suppen und Snacks. Auch die Getränkeauswahl ist *à la bonne heure*.

FAZIT: EIN THEATER-, TANZ-, LITERATUR- UND FILMERLEBNIS SAMT KULINARISCHEM EIN- ODER AUSKLANG.

Hin & weg: Mit U4 bis Merianplatz oder U6 und U7 bis Zoo. Alternativ mit der Tram 14 bis Waldschmidtstraße.

Beste Zeit: Perfekt für einen verregneten Herbst- oder Wintertag. Programminfos unter www.mousonturm.de/events. Das Lokal öffnet eine Stunde vor Veranstaltungsbeginn.

Dauer: Je nach Veranstaltung 2–3 Std.

Ausrüstung: Tickets und etwas Geld für Drinks und Snacks.

IM TEMPEL DER BÜCHER

... in der Deutschen Nationalbibliothek im Nordend

#42

Nirgendwo sonst in Frankfurt findet man so viele Bücher an einem Ort wie hier. Die Deutsche Nationalbibliothek lädt bis in die späten Abendstunden ein – zum Entdecken, Stöbern und Lesen natürlich.

Allein für das Lesen aller Zeitschriften und Tageszeitungen, die sich bis heute im Bibliotheksbestand angesammelt haben, bräuchte man mindestens 672 Jahre.

Frankfurt ist eine Bücher-Stadt. An zahlreichen Orten kommen Freunde des gedruckten Wortes auf ihre Kosten. Im Literaturhaus, in der Stadtbücherei und sogar in einer mobilen Bibliothek, die mit einem Bus Frankfurter Stadtteile abklappert. Von der Buchmesse – wohlgemerkt der größten der Welt – und Frankfurts berühmtestem Sohn, Johann Wolfgang von Goethe, wollen wir gar nicht erst anfangen. Eine bedeutende Institution fehlt jedoch noch in diesem kurzen Abriss: die Deutsche Nationalbibliothek im westlichen Nordend.

Seit 1997 versteht die Bibliothek sich als »Gedächtnis der Nation« und leistet ihren wertvollen Beitrag das kulturelle und wissenschaftliche Erbe zu bewahren. In mehr als 400 Regalkilometern sind alle Bücher, Zeitschriften, Zeitungen und viele weitere Medien gesammelt, die seit 1913 in Deutschland veröffentlicht wurden. Außerdem die ab 1913 im Ausland publizierten deutschsprachigen Medienwerke und Übersetzungen sowie fremdsprachige Werke über Deutschland.

Allein für das Lesen aller Zeitschriften und Tageszeitungen, die sich bis Dato im Bibliotheksbestand befinden, bräuchte man etwa 672 Jahre. Sofern man nicht länger als eine Stunde pro Ausgabe verwendet. Es lohnt sich also Zeit und Muse mitzubringen, um in den langen Regalreihen nach Schätzen zu stöbern.

Da es sich um eine Präsenzbibliothek handelt, können die Bücher lediglich vor Ort gelesen werden. Dafür kann man sich im modernen und lichtdurchfluteten Lesesaal ein nettes Plätzchen suchen und zwischen dem Blättern der Seiten immer mal wieder den Blick ins Grüne schweifen lassen.

Wer vor dem Besuch in der Bibliothek schon mit einem bestimmten Exemplar liebäugelt, kann im Online-Katalog sein Wunschwerk bestellen und an der Medienausgabe abholen. Für den Besuch ist ein Benutzungsausweis notwendig, für den man sich bequem und kostenlos online registrieren lassen kann. Dann steht dem Besuch nichts mehr im Wege. Das viele Lesen macht hungrig? Überhaupt kein Problem! Denn hinter der Fassade aus grauem Sichtbeton verbirgt sich auch das Restaurant Rob's Kulinarium.

Lohnend ist auch ein Besuch des Deutschen Exilarchivs, wo man sich mit Exil und Emigration während des Nationalsozialismus auseinandersetzt und Zeugnisse dieser Zeit sammelt. Unendlich viel gibt's hier zu entdecken. Es lohnt sich immer wieder herzukommen, in den Tempel der Bücher im Frankfurter Nordend.

Hin & weg: Mit U5 bis Deutsche Nationalbibliothek.

Beste Zeit: Wie gemacht für einen tristen Wintertag.

Dauer & Strecke: Ab 2 Std. Die Bibliothek schließt unter der Woche um 22 Uhr. Donnerstags bleibt sie den ganzen Tag geschlossen.

Ausrüstung: Ein Benutzerkonto ist erforderlich. Eine Checkliste für den ersten Besuch gibt's hier: www.dnb.de > Benutzung > Checkliste für Ihren ersten Besuch.

RAMEN ZWISCHEN RAHMEN

≥ ... in der Fahrgasse in der Altstadt ≤

#43 Wenn Bars auf den Namen Mona Lisa getauft sind und es gefühlt hinter jedem zweiten Schaufenster Kunst und Antiquitäten zu bewundern gibt, ist man wohl in der Fahrgasse gelandet. Eine Straße für Ästheten, Geschichts- enthusiasten und Kulinariker.

Ein Abstecher von der Fahrgasse in den Weckmarkt zeigt den Kaiserdom aus einer neuen Perspektive.

Von der Konstablerwache bis zur Alten Brücke führt die Fahrgasse, eine der ältesten Straßen der Stadt. Seit dem 12. Jahrhundert spazieren Frankfurter über das Trottoir der Straße, die bis ins 19. Jahrhundert eine der verkehrsreichsten der Stadt war. Noch dazu Schauplatz und Standort bedeutender Ereignisse und Bauten. Das Haus Fürsteneck fand man bei Hausnummer 17.

Bis zu seiner Zerstörung während des Zweiten Weltkrieges war das Mitte des 14. Jahrhunderts erbaute Haus eine der bekanntesten Sehenswürdigkeiten Frankfurts. Außerdem eröffnete im Fürsteneck der Uhrmachermeister Wilhelm Alexander Christ sein erstes Ladengeschäft und legte somit in der Fahrgasse den Grundstein für sein Schmuck-und-Uhren-Imperium. Nachdem die östliche Altstadt durch

Bombenangriffe vollkommen zerstört wurde, hat sich das Bild hier nach dem Zweiten Weltkrieg gewandelt. Anstelle mittelalterlicher Architektur baute man die Straße nach dem Krieg im Stil der 1950er-Jahre wieder auf.

Die Fahrgasse von der Konstablerwache gen Main spazierend, erblickt man zur Linken Teile der Staufenmauer, die einst in etwa die heutige Frankfurter Altstadt als Stadtmauer umgab.

Weiter geht's mit einer kleinen kulinarischen Weltreise. Japanische Ramen-Suppe, Tapas, Sushi und traditionelle sardische Küche locken mit einem irren Mix aus Düften, bevor es am Museum für Moderne Kunst – passenderweise – auch in der Fahrgasse kunstreich weitergeht. Die Bar Mona Lisa leitet schon mal ein in das Thema. Denn nun reiht sich eine

Ein feierabendlicher Schaufensterbummel vorbei an Antiquitätengeschäften und Galerien.

Galerie an die nächste. Dazwischen mischen sich immer wieder Antiquitätengeschäfte und kleine Läden mit dem Sinn für das Besondere. Bei Kyu Bang genießt man neben Kunst auch koreanische Desserts und im Yok-Yok gesellt sich zur Kunst noch Literatur und Musik – umgeben von gemütlichem Wohnzimmerflair.

Weiter Richtung Main schlendernd, folgt eine Ansammlung weiterer Kunstgalerien. Zeitgenössischer Malerei, Fotografien und Installationen begegnet man hier. Die meisten Galerien öffnen ihre Türen nur nach Vereinbarung. Aber auch an den Ausstellungshäusern vorbeizuflanieren und die Werke durch Glas zu bewundern ist das pure Vergnügen.

Nicht vergessen: Immer mal wieder einen Blick in die Hinterhöfe werfen. Am Weckmarkt lohnt ein Abstecher zum historischen Garküchenplatz mit Blick auf den Kaiserdom.

Hin & weg: Von der Konstablerwache geht's zu Fuß durch die Fahrgasse.

Beste Zeit: An einem goldenen Herbsttag

Dauer: 1–2 Std.

Ausrüstung: Niente.

FAZIT: KUNST TRIFFT KULINARIK INKLUSIVE KLEINER GESCHICHTSEXKURSION.

Ü-30 PARKING ONLY

OLDIE BUT GOLDIE

 ... in der Klassikstadt in Fechenheim

#44

Mitten in Fechenheim lässt die Klassikstadt die Herzen von Autoliebhabern höher schlagen. Zahlreiche Raritäten gibt's auf dem Fabrikgelände zu bewundern. Vom Lamborghini und McLaren bis zum Bulli und 2CV. On top kann man Meistern alter Handwerkskünste über die Schulter gucken.

Einst wurden hinter der Backsteinfassade mit den Bogenfenstern 50-DM-Scheine gedruckt. Die Bundesdruckerei hatte ihren Sitz hier in Frankfurt-Fechenheim. Daneben diente das Fabrikgebäude, das ursprünglich im Jahr 1910 als Produktionsstätte für Landmaschinen von der Firma Mayfarth gebaut wurde, als Lager für Uniformen des Bundeszolls.

Ein Jahrhundert später, im Herbst 2010, öffnete die Klassikstadt ihre Tore für Automobilfans der ganzen Region. In den Hallen sind mehr als 47 Firmen aus der Branche beheimatet. Somit gibt's auf dem Fabrikgelände wahre Schätze aus nächster Nähe zu bewundern.

Eine ganze Reihe an Raritäten wartet im 2. Stock auf die Besucher. Zwischen den Sammlungen privater Automobilliebhaber lässt es sich wunderbar flanieren – und träu-

men. Von einem Roadtrip um die iberische Halbinsel in einem kornblumenblauen VW T1, dem legendären Bulli, beispielsweise. Außerdem eine herrliche Vorstellung: Eine Spritztour mit dem vielleicht schönsten Auto, das je gebaut wurde, dem formschönen Jaguar E-Typ. Auch dieses legendäre Sportwagenmodell findet sich in den heiligen Hallen. Neben unzähligen weiteren Schmuckstücken.

Man kommt aus dem Staunen kaum heraus und erlebt beim Schlendern von einem Oldtimer zum nächsten Juwel ganz nebenbei ein Stück Automobilgeschichte. Von allen Fahrzeugen, die in der Klassikstadt sauber eingeparkt stehen, hat wohl der Peugeot Typ 172 die meisten Jahre auf dem Buckel. Baujahr 1924, informiert eine Infotafel. Dagegen wirkt der Citroën 2CV regelrecht jugendlich. Die »Ente«, gebaut in den 1960ern, sollte ein minimalisti-

Spritztour gefällig? Ein Stück Automobilgeschichte aus nächster Nähe gibt's in der Klassikstadt zu bewundern.

scher Kleinwagen sein. Pierre-Jules Boulanger, der als geistiger Vater des 2CVs gilt, nannte dem Konstrukteur angeblich folgende Anweisungen für das neue Modell:

»Entwerfen Sie ein Auto, das Platz für zwei Bauern in Stiefeln und einen Zentner Kartoffeln oder ein Fässchen Wein bietet, mindestens 60 km/h schnell ist und dabei nur drei Liter Benzin auf 100 km verbraucht. Außerdem soll es selbst schlechteste Wegstrecken bewältigen können und so einfach zu bedienen sein, dass selbst eine ungeübte Fahrerin problemlos mit ihm zurechtkommt. Es muss ausgesprochen gut gefedert sein, sodass ein Korb voll mit Eiern eine Fahrt über holprige Feldwege unbeschadet übersteht. Und schließlich muss das neue Auto wesentlich billiger sein als unser ‚Traction Avant'. Auf das Aussehen des Wagens kommt es dabei überhaupt nicht an.« So viel zu der Limousine, die noch heute Kultstatus genießt.

Weiter durch die Klassikstadt spaziert, kann man mit etwas Glück Meistern alter Handwerkskünste über die Schulter schauen. Eine Sattlerwerkstatt und ein Uhrmacher haben hier ihren Standort. Wer unbedingt einen der raren Schätze mit nach Hause nehmen möchte, für den gibt's Bulli, Porsche und Co. im Eingangsbereich für ein Schnäppchen zu kaufen – wenn auch nur im Miniaturformat.

Auch für das leibliche Wohl ist bestens gesorgt. Bis 23 Uhr kann man in der historischen Backsteinkulisse der Werkskantine trinken und essen. Die Speisekarte lockt mit regionalen Weinen, feinen Gerichten und Kuchen aus eigener Herstellung.

FAZIT: FASZINATION OLDTIMER UND ETWAS SPORTWAGEN-TRÄUMEREIEN – GEKRÖNT VON DEM WOHL BESTEN KANTINENESSEN FRANKFURTS.

Hin & weg: Mit der Straßenbahnlinie 11 bis Cassellastraße oder mit Bus 41 oder 44 bis Steinauer Straße.

Beste Zeit: Zu jeder Jahreszeit.

Dauer: Mit Besuch in der Werkskantine sollte man sich mindestens 2,5 Std. Zeit nehmen.

Ausrüstung: Kamera für Schnappschüsse und ein Budget für Souvenirs und Genussmomente.

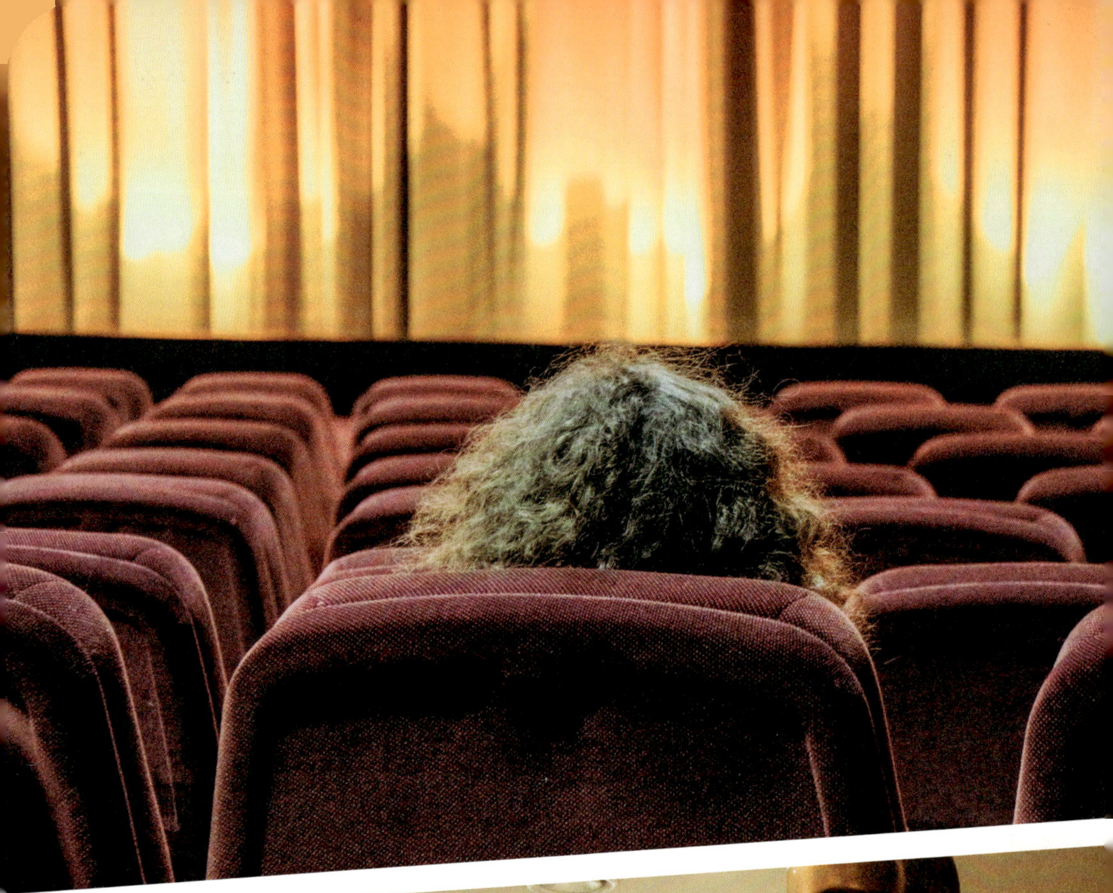

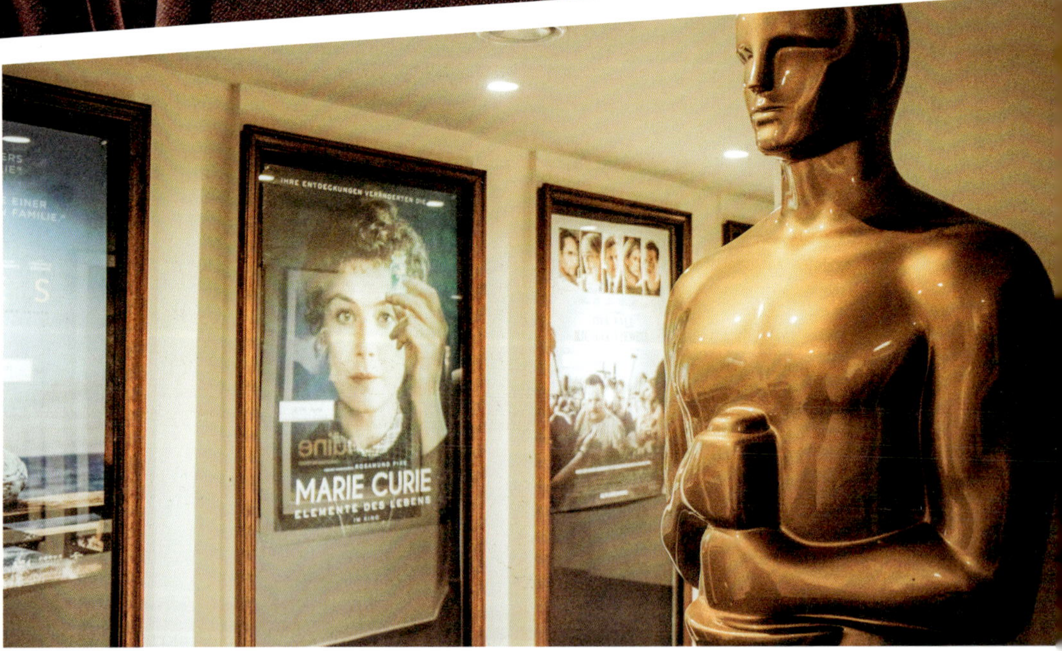
MARIE CURIE
ELEMENTE DES LEBENS

GROBES KINO

≷ ... in der Innenstadt und in Sachsenhausen ≷

#45

Tradition auf der Leinwand und ein Mekka für Filmenthusiasten, das sind die Kinos Cinéma und Harmonie. On top winken Gin-Tasting und süße Macarons. Hereinspaziert in die Frankfurter Arthouse-Kinowelt.

Film ab! Bereit für Leinwandzauber zum Feierabend im Arthouse-Kino Cinéma am Roßmarkt. Alternativ kommen Freunde des Genres auch in der Harmonie in Sachsenhausen auf ihre Kosten.

Erst die Fernseher und dann erobern auch noch Streamingdienste die Wohnzimmer. Keine leichten Zeiten für Kinobetreiber. Warum Geld fürs Filmegucken ausgeben, wenn man auch zu Hause Dokus, Komödien und Klassiker der Filmgeschichte gucken und dabei Popcorn knabbern kann?

Ein außergewöhnlich guter Grund liegt nur eine S-Bahn-Fahrt zur Hauptwache oder nach Sachsenhausen entfernt. Stichwort: »Kino Culinarico«. Das Cinéma in der Innenstadt ist neben der Harmonie in Sachsenhausen eines von zwei Arthouse-Kinos in Frankfurt am Main. Dabei hat sich das Cinéma der Frankophilie verschrieben. Das spürt man bereits beim Betreten des Foyers. Man fühlt sich, als wäre man vom Roßmarkt geradewegs in ein Pariser Café spaziert. Über der holzvertäfelten Wand strahlen Kinostars von gerahmten Bildern.

Marmorierte Bistro-Tische laden dazu ein, sich in der Kinobar auf den filmreifen Abend einzustimmen. Im Gegensatz dazu geht's in der Harmonie, wo das Interieur vom farbenfrohen Retro-Look dominiert wird, eher alternativ zu. Was aber beide Kinos verbindet: Wohlfühlatmosphäre vom Feinsten und eine jahrzehntelange Tradition.

1920 in der Dreieichstraße eröffnet, ist die Harmonie eines der ältesten Kinotheater der Stadt und erlebte im letzten Jahrhundert Höhe- und Tiefpunkte. In der größten Krise, als der Fernseher in den 1960er-Jahren populär wurde, konnte die Harmonie nur mit Ach und Krach überleben, weil sich das Kino zeitweise einem weniger seriösen Genre hinwendete und Pornos zeigte. Bessere Zeiten und ein anspruchsvolles Programm hielt erst Ende der 1970er Einzug.

Drei Jahrzehnte später als in der Harmonie, inmitten der Wirtschaftswunderzeit, flimmerte im Sommer 1956 im Cinéma am Roßmarkt der erste Film über die Leinwand. Und noch heute erlebt man hier Kinogenuss der Extraklasse.

Von historisch über urkomisch bis ergreifend. Das Repertoire der Filme, die heute in der Harmonie und dem Cinéma an den Start gehen, ist breit gefächert.

Am liebsten würde man sich jede Woche zum Roßmarkt oder nach Sachsenhausen begeben, um ein paar Stunden Filmzauber abseits des Mainstreams zu genießen. Sich von den Bildern auf der Leinwand in andere Welten mitnehmen lassen und im Anschluss die Vorstellung an der Kinobar rezensieren. Mit einem Glas Wein und kleinen, runden französischen Versuchungen. Ein Hoch auf das Arthouse-Kino!

FAZIT: CINEMA UND HARMONIE — WO DIE HERZEN VON ARTHOUSE-KINO-FREUNDEN HÖHER SCHLAGEN.

Hin & weg: Das Cinéma am Roßmarkt ist nur einen Katzensprung von der S-Bahnhaltestelle Hauptwache entfernt. Zur Harmonie geht's mit der S3, S4, S5 oder S6 zum Lokalbahnhof.

Beste Zeit: An einem verregneten Herbsttag.

Dauer: 2–3 Std.

Ausrüstung: Das nötige Kleingeld für die Tickets und die Kinobar.

ABENTEUER
IN SICHT

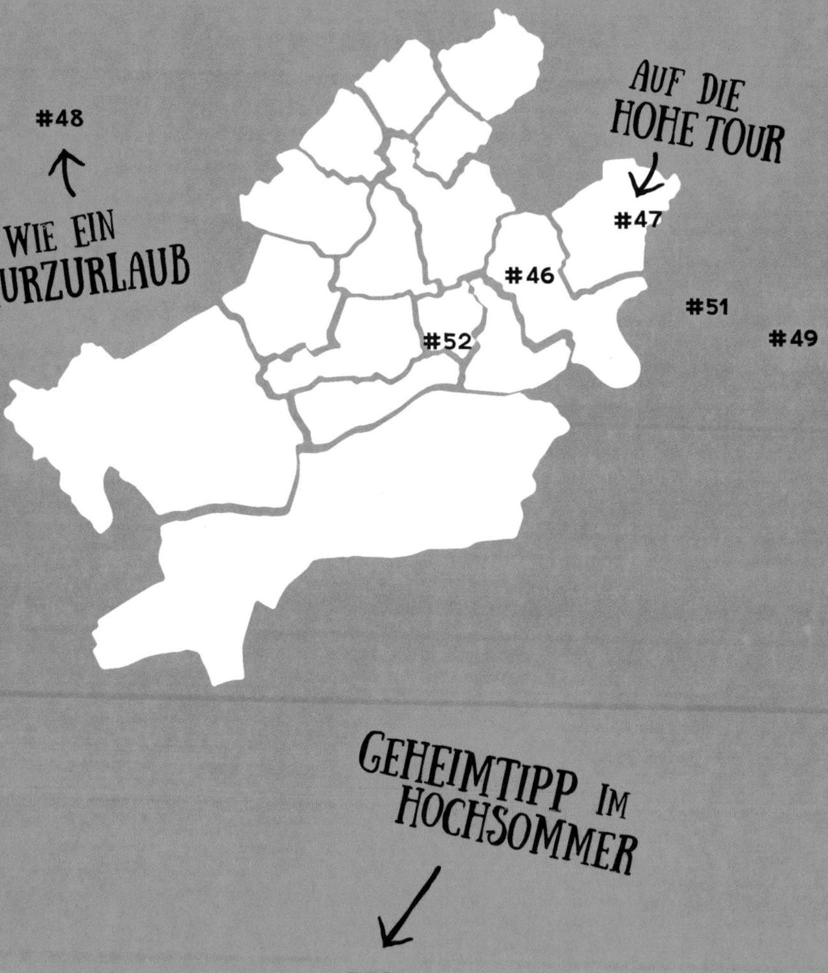

#48

WIE EIN
KURZURLAUB

AUF DIE
HOHE TOUR

#47

#46

#51

#49

#52

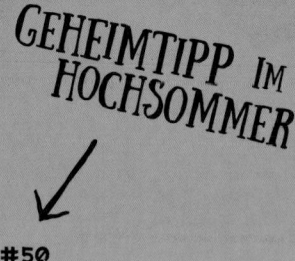

GEHEIMTIPP IM
HOCHSOMMER

#50

Mikroabenteuer für alle Tage

Den Entdeckergeist wecken und zum Feierabend ausgetretene Pfade verlassen. In der Stadt und drumherum warten Miniwanderungen mit Erfrischungsfaktor, märchenhafte Aussichten und wilde Landschaften.

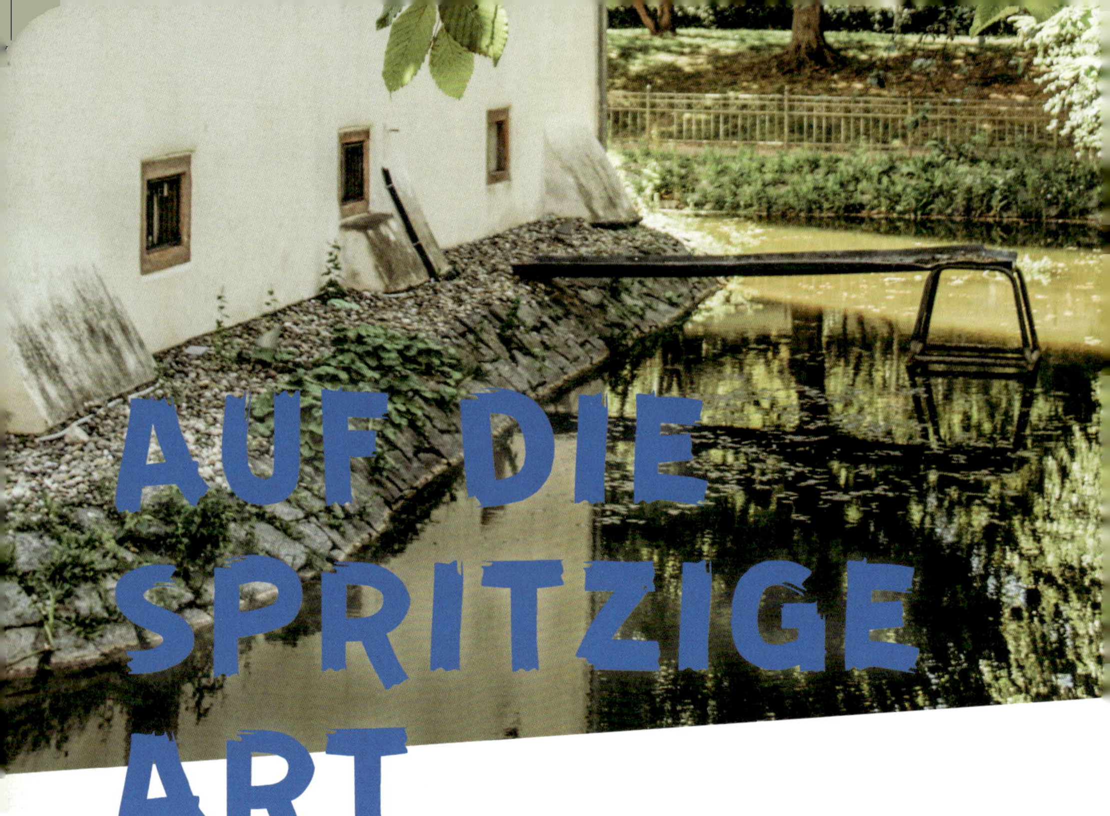

AUF DIE SPRITZIGE ART

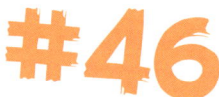

... von Seckbach nach Bergen-Enkheim

#46

Mit den ersten Frühlingsanzeichen kommt auch die Lust, die Wanderschuhe zu schnüren. Anstatt den Taunus unsicher zu machen, kann man einfach mal innerhalb der Stadtgrenze bleiben und den Berger Hang erwandern. Eine Themen-Wanderung der erfrischenden Art.

#Quellenwanderung #Fachwerkliebe #grünesFrankfurt

Das wasserspuckende GrünGürtel-Tier begleitet die Wanderer von Quelle zu Quelle.

Frankfurt ist bekannt für sein vielseitiges Kunst- und Kulturangebot und eine hervorragende Gastronomie. Aber wer denkt schon daran, dass es sich in Mainhatten vorzüglich wandern lässt?

Von Seckbach nach Bergen zum Beispiel führt der Quellenwanderweg auf sechs Kilometern entlang des Grüngürtels. Dabei geht es an blühenden Gärten vorbei, über den Hausberg der Frankfurter und durch das Mühlbachtal. Immer wieder stößt man dabei auf Quellen, Mühlen, Brunnen und ehemalige Pumpwerke – 19 an der Zahl. Nicht immer liegen die Quellen offen, oft erfordert es etwas Spür-

sinn. Besonders zwischen Seckbach und dem Lohrberg liegen die »Borne« gut versteckt. Das zahlreiche Vorkommen der sprudelnden Quellen ist der geologischen Hanglage zu verdanken. So nutzte man die Kraft des Wassers einst als Mühlenantrieb oder als Brunnen für Trinkwasser. Aus wieder anderen entstanden Feuchtbiotope. 19 Stelen entlang des Weges informieren die Quellenwanderer über die Historie, der sie auf der Spur sind.

Los geht's in Seckbach immer dem Symbol des Quellenwanderweges, einem wasserspeienden GrünGürtel-Tier folgend. Durch die Atzelbergstraße spazierend, erreicht man schon

An 19 Quellen, Mühlen, Brunnen und ehemaligen Pumpwerken führt der Weg vorbei. Mal ist etwas Spürsinn gefragt, mal liegen sie schön offen.

bald rechter Hand eine Grünanlage. Hier kündigt eine Informationstafel den Quellenwanderweg an. Die erste Quelle wartet oberhalb der Treppe, der Alteborn. Weiter geht's durch den historischen Ortskern Seckbachs mit hübschen Fachwerkhäusern und weiteren Bornen entlang des Weges. Wer mag, macht noch einen kurzen Abstecher zum ehemaligen Pumpwerk, bevor er den Lohrberg erklimmt. Bald ist der Graben am Kreuzweg erreicht, wo man nach rechts abbiegt und nach weiteren sprudelnden Stationen im Lohrpark ankommt. Eine der schönsten Aussichten auf die Mainmetropole im Blick, wandert man am Weinberg und

dem Main-Äppel-Haus mit seinem wunderschönen Naturerlebnisgarten vorbei.

Den Weg hinab vom Lohrberg begleitet einen das Plätschern des Klingenbaches. Die nächsten Stationen am Judenborn und am Rebenborn liegen schön offen direkt am Weg, der nun durch das zauberhafte Mühlbachtal führt, Frankfurts kleinstes Naturschutzgebiet. Darauf folgt ein echter Augenschmaus: die denkmalgeschützte Enkheimer Mühle, die heute eine Wohn- und Tagesstätte der Lebenshilfe Frankfurt beherbergt.

Immer dem Grüngürteltier folgend, geht's durch das beschauliche Bergen-Enkheim. Abermals vorbei an echten Fachwerk-Perlen, bis man nach einem kleinen Abstecher zum Weißen Turm vor dem abschließenden Highlight der Wanderung steht: Frankfurts kleinstem Wasserschlösschen, der Schelmenburg.

FAZIT: NATUR UND HISTORIE – EINE WUNDERBAR ABWECHSLUNGSREICHE TOUR DURCH FRANKFURT.

Hin & weg: Mit Buslinie 43 oder 38 bis Alteborn-straße. Von Bergen-Enkheim geht's ab Markplatz/Landgraben mit Linie 43 zurück ins Zentrum.

Beste Zeit: Besonders schön im Frühling, wenn es in den Gärten blüht und summt.

Dauer & Strecke: Etwa 3 Std. für 6 km. Eine ausführliche Broschüre mit allen Stationen gibt's unter www.frankfurt.de > Themen > Umwelt und Grün > Orte > GrünGürtel > Wege > Quellenwanderweg.

Ausrüstung: Bequeme Schuhe, Wasser und Proviant.

Übrigens: GPX-Download auf Seite 229.

WEITBLICKE INKLUSIVE

... über die Hohe Straße zur Ronneburg

Über eine alte Handelsroute führt dieser Radweg von Bergen-Enkheim immer wieder bergauf und bergab bis hinauf zur märchenhaften Ronneburg. Mit zahlreichen Überraschungen entlang der Strecke.

#durchWiesenundFelder #Schaukelpause #wieimMärchen

Die ersten Höhenmeter sind geschafft und die Skyline im Rücken schrumpft mit jedem Meter.

Einst pilgerten Händler, Heere und ganze Völker über die Via Regia von Santiago de Compostela bis nach Kiew und durchquerten dabei das schöne Rhein-Main-Gebiet. Geblieben ist die Hohe Straße, als wichtige Teilstrecke des damaligen Straßennetzes. Eine herrliche Route, um sich auf die Spuren jener Zeit zu begeben. Je nach Gusto kann man an zahlreichen Stellen ein- oder aussteigen und sich zum Abschluss mit dem ÖPNV gemütlich heimwärts chauffieren lassen.

Im Frankfurter Stadtteil Bergen-Enkheim wird man von einer Tafel aus Cortenstahl empfangen, die den Verlauf der Hohen Straße und der Via Regia zeigt. Auch wenn wenige Meter entfernt die Lounge unter den Obstbäumen verlockend aussieht, schwingt man sich auf den Sattel und los geht's. Immer den Schildern der Regionalpark Route Hohe Straße folgend, präsentieren sich schon bald herrlich weite Blicke. Aber auch die Skyline wirkt noch nah. Schaukeln, Leseecken und Ausblicke – immer wieder

In Bergen-Enkheim erwartet Radler das Entrée Hohe Straße. Trainierte Biker meistern die 28 Kilometer bis zur Ronneburg.

bieten sich den Radlern gute Gründe, abzusteigen und eine Rast einzulegen. Ein besonders schöner Platz für ein Päuschen wartet nach 8,5 Kilometern auf die Feierabend-Ausflügler. An der Vogelnestschaukel stehen mehrere Sitzmöglichkeiten bereit – mit herrlichem Blick auf das Maintal, bis hin zu Taunus, Vogelsberg,

Spessart und Odenwald. Bei besonders klarer Sicht erspäht man sogar die Ronneburg am Horizont. Ein lohnendes Ziel der Tour, allerdings mit so manchem Höhenmeter verbunden.

Wer es etwas ruhiger angehen möchte, findet in Schöneck-Kilianstädten eine gute Ausstiegs-

möglichkeit oder macht sich von hier auf den Weg zur Burg, anstatt in Bergen-Enkheim loszuradeln. Weitestgehend asphaltiert, schlängelt sich der Radweg durch die von Wiesen und Feldern geprägte Landschaft. Ortschaften werden meist weiträumig umfahren, sodass man selbst ausreichend Proviant einpacken sollte.

Unmittelbar auf der Strecke liegt dennoch das Hofgut Kappellenhof. Leckermäulchen müssen hier unbedingt einen Halt einlegen, denn im Selbstbedienungs-Kühlschrank gibt's Eis und Käsekuchen aus Bio-Schafsmilch. Köstlich!

Wieder Fahrt aufgenommen, zweigt bald der Radweg zur Ronneburg ab. Eine anspruchsvolle Etappe auf Schotterweg durch dichten Mischwald. Spätestens die letzten Meter hinauf zur Burg bringen nun die Beine zum Brennen. Ein erfrischendes Radler im märchenhaften Burghof entschädigt für die Strapazen.

FAZIT: ANSPRUCHSVOLLE TOUR – E-BIKER SIND KLAR IM VORTEIL. DIE ROUTE LÄSST SICH NACH LUST UND LAUNE ABWANDELN.

Hin & weg: Von der Innenstadt mit U4 oder U7 bis Frankfurt-Enkheim. Von hier sind es knapp 10 Fahrradminuten bis zum Einstieg der Tour. Von der Ronneburg geht's über Büdingen-Bahnhof zurück nach Frankfurt.

Beste Zeit: Im Frühling, wenn die Wiesen saftig grün sind.

Dauer & Strecke: Auf der beschilderten Regionalpark-Route Hohe Straße (38 km bis nach Büdingen) gibt's zahlreiche Möglichkeiten zum Ausstieg. Die 28 km bis zur Ronneburg fährt man mit guter Kondition und Pausen in etwa 3 Std. Ausführliche Infos zur Strecke gibt's hier: www.regionalpark-rheinmain.de/portfolio-item/regionalpark-route-hohe-strasse

Ausrüstung: Ausreichend Proviant, Fahrrad.

Übrigens: GPX-Download auf Seite 229.

IN EINER ANDEREN WELT

 ... in Kronberg

#48 *Durch charmante Altstadtgässchen schlendern, den Blick über die sanften Erhebungen des Taunus schweifen lassen und den Abend in einer gemütlichen Weinstube ausklingen lassen. Schon fast wie ein Kurzurlaub verwöhnt dieser Abstecher nach Kronberg.*

Sich als Feierabend-Flaneur durch hübsche Altstadtgassen treiben lassen und den Tag köstlich ausklingen lassen. Prädestiniert für ein kleines Genuss-Abenteuer: Kronberg im Taunus.

Keine 15 Kilometer Luftlinie von Frankfurt entfernt fühlt man sich in Kronberg im Taunus in eine andere Welt versetzt. Malerische kopfsteingepflasterte Gassen winden sich hinauf zur Burg. Die Kronberger Altstadt ist wie gemacht zum Treibenlassen. Hinauf zum Wahrzeichen der Stadt führt ein besonders pittoresker Weg vom Zehntscheunenplatz durch eine gut versteckte schmale Gasse auf die Doppesstraße. Anschließend der entzückenden Schloßstraße folgend vorbei an von Klappläden umrahmten Fenstern und mit Pflanztöpfen geschmückten Fassaden.

Nun noch ein kurzer, steiler Anstieg und man steht vor der märchenhaften Burg Kronberg, einem eindrucksvollen Beispiel mittelalterlicher Baukunst. Die Felsenburg aus dem 13. Jahrhundert schließt leider unter der Woche bereits um 17 Uhr ihr schweres Holztor für Besucher. Aber schon der Weg hinauf hat sich gelohnt, den man nun gemütlich wieder hinabspaziert. Zwischendurch verführen hübsche Läden, Restaurants und Weinstuben zum Bummeln und Schwelgen in allerlei Köstlichkeiten.

In der Zehntscheune (www.zehntscheune-kronberg.de) speist man besonders schön auf der Terrasse und blickt auf herzallerliebste Fachwerkhäuser, umgeben von einer üppigen Blütenpracht – insofern man sich im Frühling unter den Marktschirmen niederlässt. Dann wird neben dem Menü mit den Zehntscheunen-Lieblingen und der wechselnden Wochenkarte auch noch die Spargelkarte gereicht.

Saisonale Gaumenfreuden locken auch im Restaurant Zum grünen Wald (www.zum-gruenen-wald-kronberg.de) am lebhaften Schirnplatz. Wie wäre es zum Nachtisch mit einer cremigen

Weißkäsemousse mit Erdbeeren? Oh, du wunderbare Frühlingszeit! In der Tanzhausstraße wird man aufs Neue zu einem Genießerpäuschen verführt. Bei Klinger (www.klinger-delikatessen.de) gibt's eine feine Auswahl köstlicher Delikatessen. Vor dem Feinkostladen lässt es sich außerdem wunderbar mit einem Glas Wein sitzen. Wie gut, wenn man mit dem öffentlichen Nahverkehr da ist. So kann man sich ganz nonchalant auf eine aromatische Entdeckungsreise begeben. Nebenbei entgeht man so der Parkplatzsuche, die in dem knapp 18 000-Einwohner-Städtchen lästig sein kann.

Bevor man sich mit der S-Bahn nach Hause chauffieren lässt, durchstreift man die Regale mit all den herrlichen Delikatessen. An dem Mandelgebäck kommt man nur schwerlich vorbei. Genauso an einer Flasche Barbera d'Alba aus Piemont. Die perfekten Utensilien, um den Kurzurlaub zu Hause fortzusetzen.

Hin & weg: Mit der S4 bis Kronberg-Bahnhof.

Beste Zeit: Zur Spargel- und Erdbeersaison. Montags haben die meisten Lokale geschlossen.

Dauer: 2,5–3,5 Std. für Altstadttreiben und Genussmomente.

Ausrüstung: Bequeme Schuhe und Geld für die Einkehr.

FAZIT: WENN DER NÄCHSTE URLAUB IN WEITER FERNE LIEGT, MILDERT EIN BESUCH IN KRONBERG DAS FERNWEH.

DIE WILDNIS RUFT

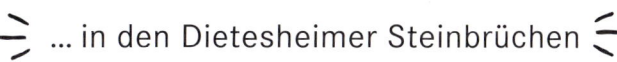

... in den Dietesheimer Steinbrüchen

#49

Von einem spektakulären Landschaftsbild wird man nur wenige Kilometer vor den Toren Frankfurts empfangen. Mit verschlungenen Pfaden durch die Natur, tiefblauen Seen und einer Brücke, die zu Recht den Abenteuer versprechenden Namen Canyon Steg trägt.

Nachdem der Basaltabbau in den Dietesheimer Steinbrüchen eingestellt wurde, entstand auf dem mehr als 33 Hektar großen Gebiet eine faszinierende Seenlandschaft.

Wem es nach vollbrachtem Tagwerk nach einem außergewöhnlichen Afterwork-Abenteuer gelüstet, der findet in etwa 15 Kilometern Entfernung seine Erfüllung. In Mühlheim am Main ist in den letzten vierzig Jahren ein einzigartiges Naherholungsgebiet entstanden.

Bis 1982 wurde in den Dietesheimer Steinbrüchen Basalt abgebaut. Als der Basaltabbau eingestellt wurde, übergab die Mitteldeutsche Hartstein-Industrie die Steinbrüche an die Stadt Mühlheim. Durch das Grundwasser, das sich nach dem Abbau hochdrückte, entstand eine faszinierende Seenlandschaft. Später wurde das Gebiet rekultiviert. Tausende Sträucher und rund 120 000 Bäume hat man angepflanzt. Besonders viele Eichen und Erlen sieht man beim Durchstreifen des heimischen Dschungels. Weite Teile der einzigartigen Seenlandschaft stehen heute unter Natur-

schutz. So entstand ein neuer Lebensraum für Tiere und Pflanzen.

Angekommen in den Dietesheimer Steinbrüchen verlässt man am besten sofort die breiten Hauptwege und begibt sich auf die schmalen verschlungenen Trampelpfade. Hier wird unsere Abenteuerlust im Nu gestillt. Umgefallene Baumstämme gilt es zu überklettern und wild wuchernden Geästen auszuweichen.

Die schmalen Pfade führen meist ganz dicht an den Seen vorbei. Die größten Gewässer der insgesamt 22 Hektar Wasserfläche sind der Vogelsberger See und der Oberwaldsee. Ganz friedlich und tiefblau liegen sie da. Im Oberwaldsee hat sich sogar eine Insel gebildet. Immer wieder passiert man Aussichtsplattformen, idyllische Fleckchen im Wald und kleine Buchten, wie gemacht für frisch Verliebte.

Die Besucherzahl verteilt sich gut auf dem weitläufigen Gebiet. So gut, dass man vielerorts angenehm ungestört ist und wunderbar in der Natur versinken kann.

Nur an zwei Stellen tummeln sich gerne die Besucher der Steinbrüche. Zuerst wäre da der Canyon-Steg, eine Brücke, die sich über die Verbindungsader des Oberwaldsees und des Vogelsbergersees spannt. Von hier hat man einen phänomenalen Blick auf die hohen Steilwände und die Felsformationen, die die Landschaft prägen. Dadurch ist der Canyon-Steg zum beliebten Fotospot avanciert. Zweiter Anziehungspunkt für Ausflügler ist die einzige Einkehrmöglichkeit im Mühlheimer Naherholungsgebiet, das Grüne See Eck. Unter Schirmen genießt man, täglich außer montags bis 22 Uhr, gutbürgerliche bis mediterrane Küche – samt Seeblick in Tiefblau versteht sich.

FAZIT: SO VIELE WEGE WARTEN DARAUF, ENTDECKT ZU WERDEN — WER EINMAL DA WAR, KOMMT GARANTIERT BALD WIEDER.

Hin & weg: Mit der S9 bis Mühlheim-Dietesheim. Von hier ist's nur noch ein Fußmarsch von etwa 10 Min. bis ins Naturschutzgebiet.

Beste Zeit: Besonders schön im Frühling, wenn der Ginster blüht.

Dauer: 2,5–3 Std. für einen ausgiebigen Streifzug einplanen.

Ausrüstung: Festes Schuhwerk und Mückenschutzmittel.

ABENTEUER IN SICHT

REIF FÜR DIE INSEL

... im Naturfreibad Großer Woog in Darmstadt

#50

Einst angelegt als Löschteich, ist das Naturfreibad Großer Woog heute eine der raren Badeoasen im Frankfurter Umland. Viel Platz zum Schwimmen, Rudern und Chillen findet man hier. Letzteres am liebsten auf der »Insel«.

Gleich zwei Badestellen liegen am Großen Woog in Darmstadt: das »Familienbad« und die »Insel«.

Ein lauer Sommerabend im Naturfreibad. Die Sonne wärmt mit den letzten Strahlen des Tages, bevor sie hinter den Baumkronen verschwindet. Mit einem erfrischenden Drink in der einen Hand und einem Buch in der anderen lässt es sich kaum schöner den Arbeitstag ausklingen. Lauscht man der Geräuschkulisse um sich herum, stellt sich schon beinahe Urlaubsstimmung ein. Kinderlachen und das laute »Platsch« vom Sprung ins kühle Nass. Ja, hier lässt es sich aushalten, am Großen Woog.

Im Darmstädter Osten, wo sich heute Sonnenhungrige auf der »Insel« räkeln, legte man den Woog Mitte des 16. Jahrhunderts als Löschteich an. Etwa 200 Jahre später wurde er erstmals als Bad für die Öffentlichkeit erwähnt. Heute steht das Naturfreibad unter Denkmalschutz und ist ein herrlicher Ort zum Entspannen und Planschen, umrahmt von hohen Bäumen. Beinahe vergisst man, dass man

sich mitten in einer Großstadt befindet. Zwei verschiedene Eingänge bilden das Gesamtensemble Großer Woog und sorgen für willkommene Abwechslung: Das Familienbad auf der Nordseite und die Badestelle »Insel« südöstlich des Woogs gelegen.

Viel Wasser bietet das Naturfreibad. Da kommt man sich garantiert nicht in die Quere beim feierabendlichen Bahnenschwimmen. Auch wenn einen die Fahrt nach Darmstadt vielleicht zunächst abgeschreckt hat, spätestens jetzt – hier im kühlen Nass – weiß man, der Weg war es allemal wert.

Zurück an Land folgt wohl einer der schönsten Sommermomente: Auf dem Handtuch ausstrecken und sich von der warmen Sonne trocknen lassen. Lieblingsplatz hierfür ist die Insel im See, die man über eine kleine Brücke erreicht. Wer es gern etwas aktiver mag, kann sich ein

Wer nach der Arbeit abtauchen möchte, nutzt am besten den Abendtarif um 18 Uhr.

Boot ausleihen und über den glitzernden Woog rudern und dabei Ausschau nach tierischen Badegästen halten. Das Freibad ist nämlich nicht nur ein Eldorado für Wassersportler und Sonnenanbeter. Auch für die Tierwelt ist die Wasser- und Uferlandschaft ein wahres Paradies. Für Graureiher, Blesshühner und Eisvögel etwa.

Im Anschluss an den Freibadspaß werden alle Post-Arbeit-Badenixen im Café und Restaurant Woog kulinarisch verwöhnt. Das Lokal Woog liegt gleich neben dem Naturfreibad und auf der Sonnenterasse lässt sich die Nähe zum Wasser auch nach Badeschluss noch genießen. Von Kuchen über Quiche und Salate bis zu raffinierten mediterranen Gerichten hat die Speisekarte für jeden Geschmack etwas zu bieten. Und auch die Longdrinks sind nicht zu verachten. Wie wäre es zum Beispiel mit einem fruchtig-frischen Lillet Berry?

Hin & weg: Mit RB60 oder 67 nach Darmstadt-Hauptbahnhof und weiter mit dem Bus (z. B. MO1, RH, GB oder 671) bis Haltestelle Elisabethenstift-Woog.

Beste Zeit: Im Hochsommer.

Dauer: Wer um 18 Uhr den Abendtarif nutzen möchte, dem bleiben 2 Std. Mit anschließendem Besuch im Café und Restaurant Woog 3–4 Std einplanen.

Ausrüstung: Sonnenschutz, Badesachen und etwas zum Schmökern.

FAZIT: BADESPAß, WASSERVÖGEL-EXPEDITION UND SUNDOWNER AM WOOG – EIN SOMMERVERGNÜGEN ZUM SCHWÄRMEN.

ABTAUCHEN IN DIE GESCHICHTE

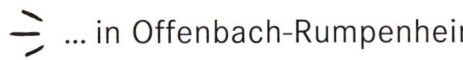 ... in Offenbach-Rumpenheim

 **#51**

Streifzüge durch die Natur, Schloss-erkundungen und Genussmomente am Wasser. All diese Komponenten für einen gelungenen Feierabend findet man an einem besonders schönen Fleckchen in Offenbach. Am herrschaftlichen Schloss Rumpenheim, das um ein Haar dem Abriss zum Opfer gefallen wäre.

#lustwandeln #Blütenpracht #Kulturgeschichte

Lustwandeln zum Feierabend.
Das geht vorzüglich im beschaulichen Rumpenheim.

Die Bettwäsche hängt zum Lüften aus einem Fenster mit tannengrünen Klappläden. Ein Kinderfahrrad lehnt an der weißen Mauer. Vor einem Eingang stehen bunt zusammengewürfelte Gartenmöbel. Eine Szene, wie sie sich in vielen Nachbarschaften abspielen könnte. Doch der Schein trügt. Denn die Bewohner dieses Schauplatzes leben in einem mehr als außergewöhnlichem Ambiente. Ihr Zuhause ist das Rumpenheimer Schloss im nordöstlichen Offenbach, direkt am Mainufer gelegen.

Einst diente das Schloss als Sommerresidenz des Landgrafen von Hessen-Kassel, wo er im 19. Jahrhundert königliche Prominenz zu Gast hatte. Darunter niemand Geringeres als der österreichische Kaiser Franz Joseph, der russische Zar Alexander III. und die englische Königin Mary. Heute dient das Anwesen als herrlicher Kurzausflug zum Feierabend.

Östlich des Schlosses erstreckt sich der verwunschene Landschaftsgarten, entstanden in

Wie lebt es sich wohl in einem Schloss? Dieses Privileg teilten sich eine Reihe Normalsterblicher in Rumpenheim.

einer Zeit – Ende des 18. Jahrhunderts – in der Parks nicht mehr wie zu Zeiten des Barocks akkurat zurechtgestutzt wurden. In Mode kamen vielmehr die naturnahen englischen Landschaftsgärten. So flaniert man im Rumpenheimer Schlosspark vorbei an fast schon urwüchsigen Abschnitten. Uralte Platanen mit mächtigen knorrigen Stämmen stehen entlang des Weges. Außerdem Ahornbäume und Kastanien, die im Frühling üppig blühen.

Zwischen der herrlichen Pflanzen- und Blütenpracht – historische Rosensorten findet man unter anderem hier – erblickt man zahlreiche Staffagebauten, die den Park schmücken. Der wohl schönste Blickfang ist der aufwendig verzierte Türkische Pavillon. Erworben während der Pariser Weltausstellung 1855, fand er seinen Platz auf einer Anhöhe und bildet eine Art Aussichtspunkt inmitten des Gartens.

Kaum vorzustellen, dass diesem bezaubernden Ort in den 1970er-Jahren der Abriss drohte. Als die landgräfliche Familie Anfang des 20. Jahrhunderts das Anwesen verlassen hatte, setzte langsam, aber sicher der Verfall des Schlosses ein. Noch dazu wurden Teile des Gebäudes während des Zweiten Weltkrieges durch Bomben zerstört.

Als das Rumpenheimer Schloss samt Park 1965 in den Besitz der Stadt Offenbach überging, beabsichtigte man das Schloss abzureißen und an Ort und Stelle Hochhäuser für

Das Schloss selbst ist nicht zugänglich. Aber im angrenzenden Landschaftsgarten sind Besucher gern gesehen.

neuen Wohnraum zu bauen. Glücklicherweise konnte eine engagierte Bürgerinitiative die Pläne der Stadt verhindern und setzte sich erfolgreich für den Erhalt ein. Nach und nach baute man die Gebäude zu Eigentumswohnungen aus und auch der Park wurde und wird gehegt und gepflegt.

Die Nähe zum Main macht Lust darauf, den Ausflug nach Rumpenheim mit einem Spaziergang am Wasser zu verbinden. Für den kulinarischen Ausklang lädt das Markthaus am Maa – Zum Schiffchen zum Speisen und Verweilen ein. Auf der Terrasse genießt man gutbürgerliche Küche mit moderner Note. Nebenbei kann man zusehen, wie die Rumpenheimer Fähre von Ufer zu Ufer schippert.

FAZIT: SCHLOSS, PARK UND DER MAIN IST AUCH NICHT FERN – EIN WAHRHAFT HERRSCHAFTLICHES VERGNÜGEN IM BESCHAULICHEN RUMPENHEIM.

Hin & weg: Mit den S-Bahnlinien 1, 2, 8 oder 9 bis Offenbach Markplatz. Weiter mit Bus 101 bis Schlosspark.

Beste Zeit: Zu jeder Jahreszeit ein Vergnügen. Besonders schön im farbenreichen Frühling oder Herbst.

Dauer: Ab 1,5 Std. für einen Spaziergang um das Schloss.

Ausrüstung: Eventuell Geld für Speis' und Trank.

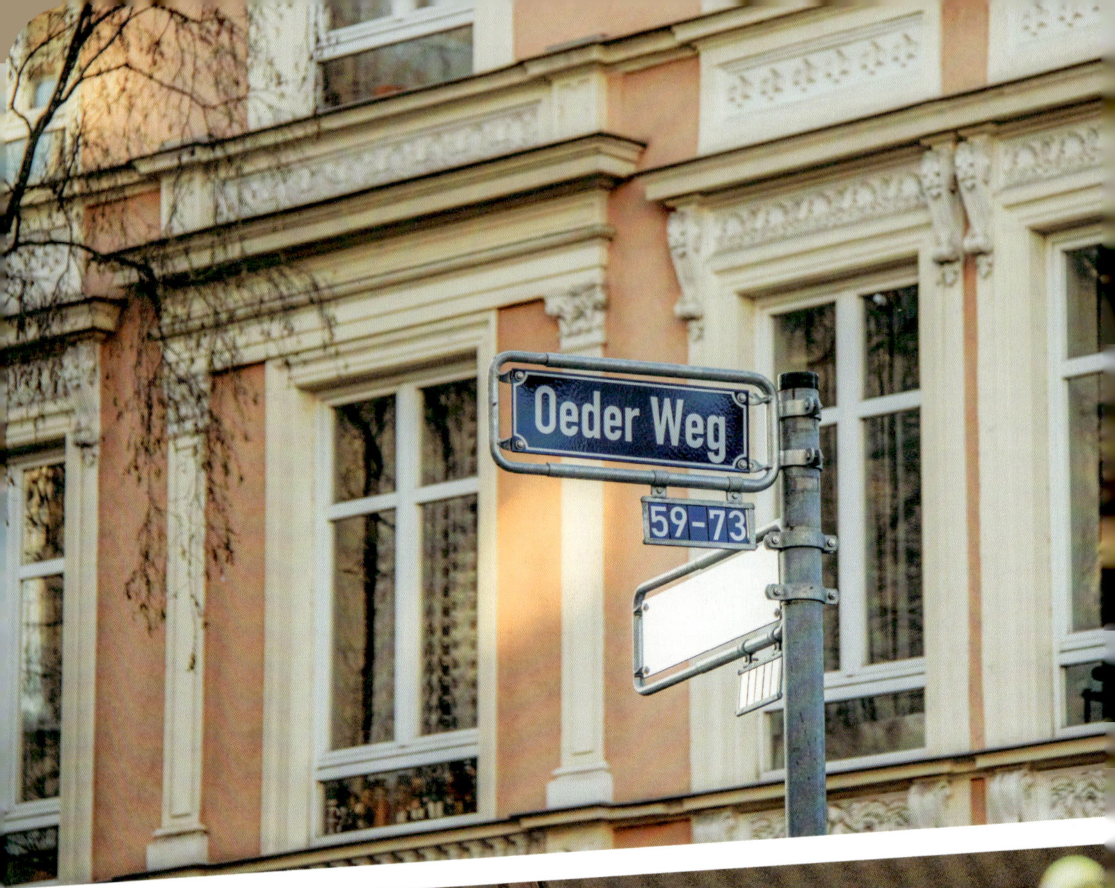
Oeder Weg
59-73

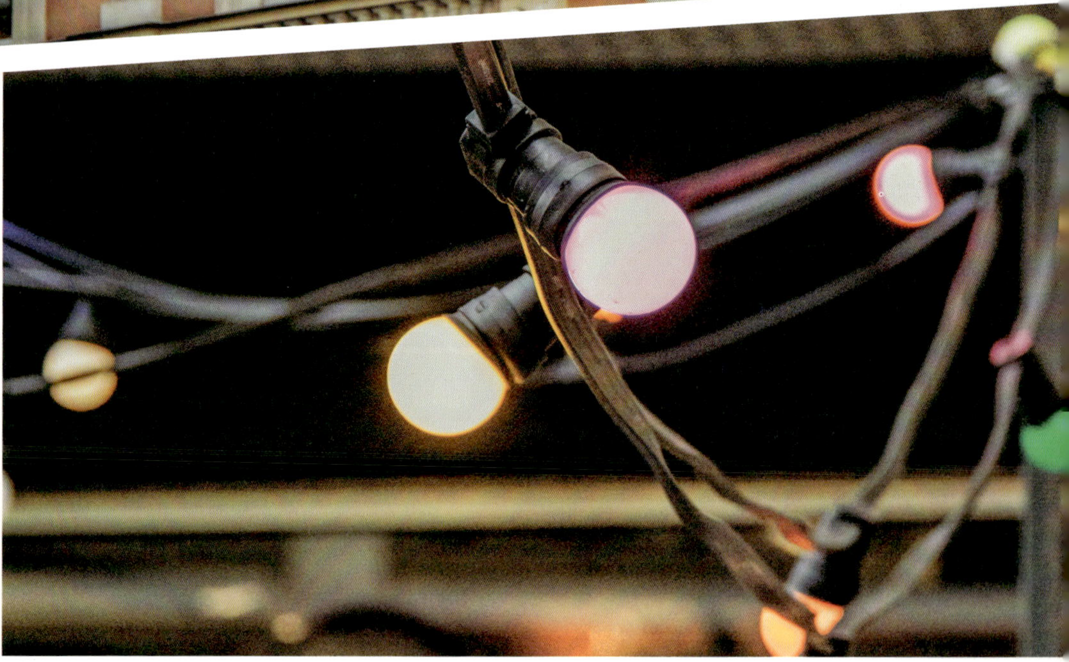

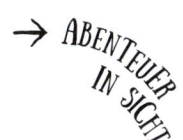
STRAßE DES GLÜCKS

 ... im Nordend

#52

Nach getaner Arbeit nochmal mitten hinein ins bunte Treiben und den größtmöglichen Umweg nach Hause nehmen. Auf gemütlichen 1,5 Kilometern eine Frankfurter Lieblingsstraße hinauf- und hinabschlendern. Mit regelmäßigen Stopps, der kleinen Freuden des Alltags wegen. Willkommen auf dem Oeder Weg.

Blumen, Bücher, Deko und Delikatessen – alles, was das Leben bunter und müde Winterseelen munter macht, erwartet Feierabend-Flaneure auf dem Oeder Weg im Nordend.

In Frankfurt gibt es so manche Flaniermeile, auf der man Schaufensterbummel und kulinarische Vergnügungen wunderbar miteinander kombinieren kann. Touristen spazieren gern über die Zeil, und auch die Berger Straße in Bornheim ist längst kein Geheimtipp mehr. Frankfurt hat da aber noch so einige weitere Schätze auf Lager, wie gemacht, um tristen Feierabenden etwas Farbe zu verleihen.

Daher steht heute nach Feierabend das schicke Nordend auf dem Programm, um den Oeder Weg hoch- und runterzuschlendern. Vom Eschenheimer Turm bis kurz vor die Deutsche Nationalbibliothek zieht sich die Straße, in der sich kleine Geschäfte, Cafés und Restaurants aneinanderreihen. Design, Blumen, Feinkost, Bücher. Alles, was das Leben schöner macht, findet man hier. Feine Weine bei Liebesdienste, Pflanzen und allerlei Blühendes bei Blumen-Ursprung, frischen Fisch im Fischhaus Ohrmann und im Glore kann man sich nach fair und umweltbewusst produzierten Modetrends umsehen.

Los geht's an einem Frankfurter Wahrzeichen, dem Eschenheimer Turm. Das einstige Stadttor aus dem Spätmittelalter gerade erst hinter sich gelassen, erfüllt den Oeder Weg ein verführerischer Duft nach ofenfrischen Backwaren. Quelle der Verführung ist die Filiale der Bio-Bäckerei Zeit für Brot.

Wem der Magen nun zu knurren beginnt, der wird auf dem Oeder Weg natürlich in allen Geschmackssachen fündig. Wie wäre es mit vietnamesischem Street Food im Vipho? Fast schon legendär sind die Falafel, die man am Adlerflychtplatz bekommt. Für den letzten Koffeinkick des Tages ist KukuVaia der *place to be*.

Nicht nur der Oeder Weg, auch ein Blick in die Seitenstraßen versetzt ins Schwärmen. Herrliche Altbauten und prachtvolle Gründerzeitvillen stehen hier. Wer da wohl wohnt? Wer mag, macht an der Kreuzung zur Fürstenbergerstraße einen kleinen Abstecher in den Holzhausenpark mit seinem märchenhaften Schlösschen. 1728, unter Einfluss des französischen klassizistisch geprägten Barock, erbaut.

Zurück auf dem Oeder Weg lohnt es, in dem öffentlichen Bücherschrank nach einem neuen Roman zum Schmökern zu schauen. Zum Abschluss der Feierabendbummelei darf es vielleicht noch ein Sträußchen Glück für die Vase zu Hause sein. Das macht sich auch wunderbar auf dem Lieblingsflohmarktfundstück im Flur in der schnuckligen 2ZKB. Wer braucht da schon eine Villa. Es sind eben doch die kleinen Freuden im Leben.

FAZIT: GUCKEN, ESSEN, TRÄUMEN — DIE PERFEKTE MISCHUNG FÜR EINEN GELUNGENEN NACHBARSCHAFTSSTREIFZUG.

Hin & weg: Mit U1, 2, 3 oder 8 bis Eschenheimer Tor und von hier Richtung Norden spazieren.

Beste Zeit: Genau richtig, um an einem grauen Wintertag die Stimmung zu heben.

Dauer & Strecke: Etwa 2 Std. für gemütliche 3 km.

Ausrüstung: Ein kleines Budget für Blumen oder Falafel.

SONST NOCH WICHTIG

NIEDER-ESCHBACH

NIEDER-ERLENBACH

KALBACH-RIEDBERG

HARHEIM

NORD-WEST

NORD-OST

BERGEN-ENKHEIM

OST

MITTE-NORD

MITTE-WEST

INNEN-STADT

BORNHEIM OSTEND

WEST

HAUPT-BAHNHOF

SÜD

Praktisches & Nützliches

*Karten mit allen Eskapaden-Standorten, ein
Orte-Register, Touren-Downloads und mehr
über die Autorin und ihre besten Tipps gibt
es auf den folgenden Seiten.*

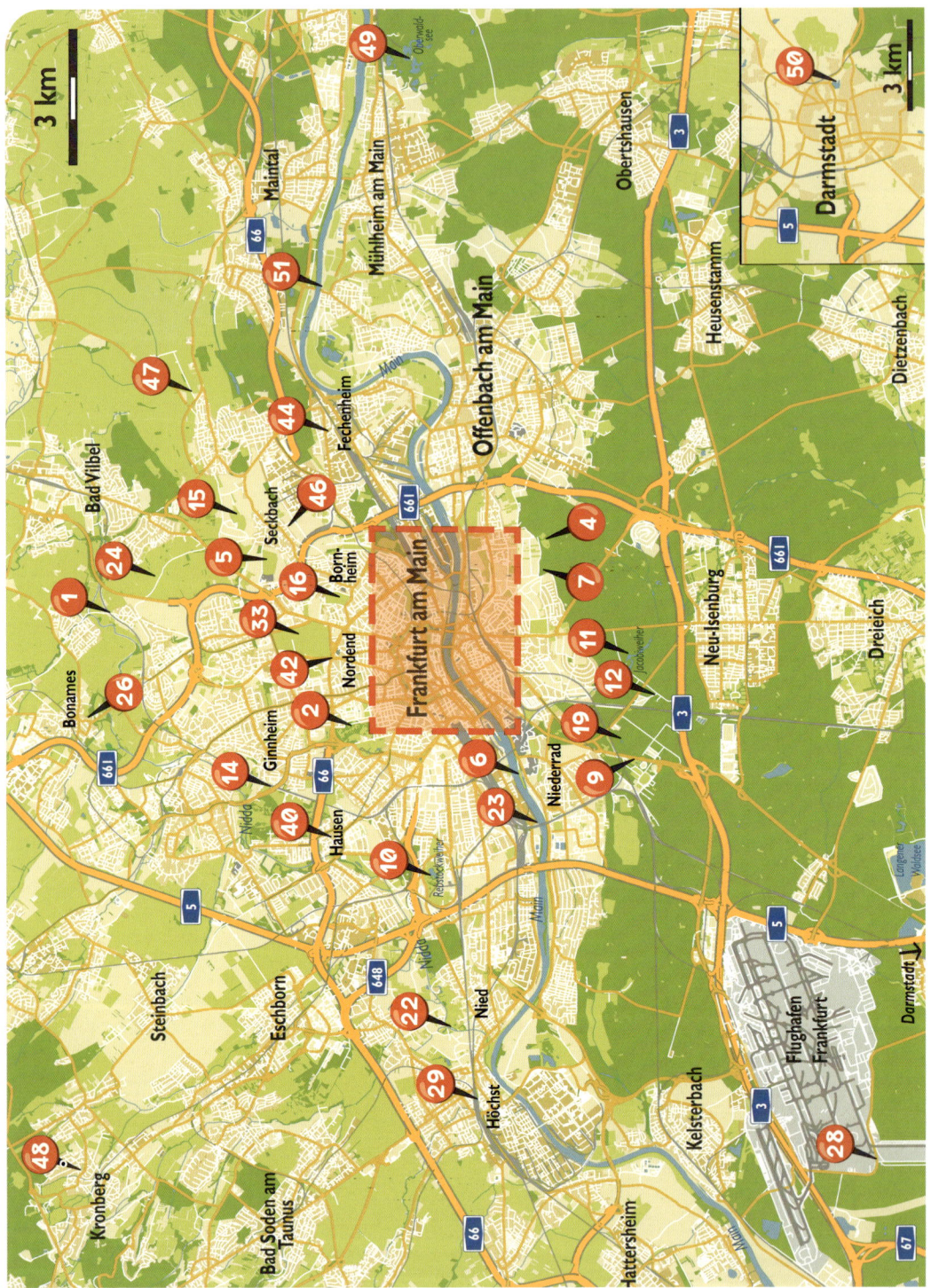

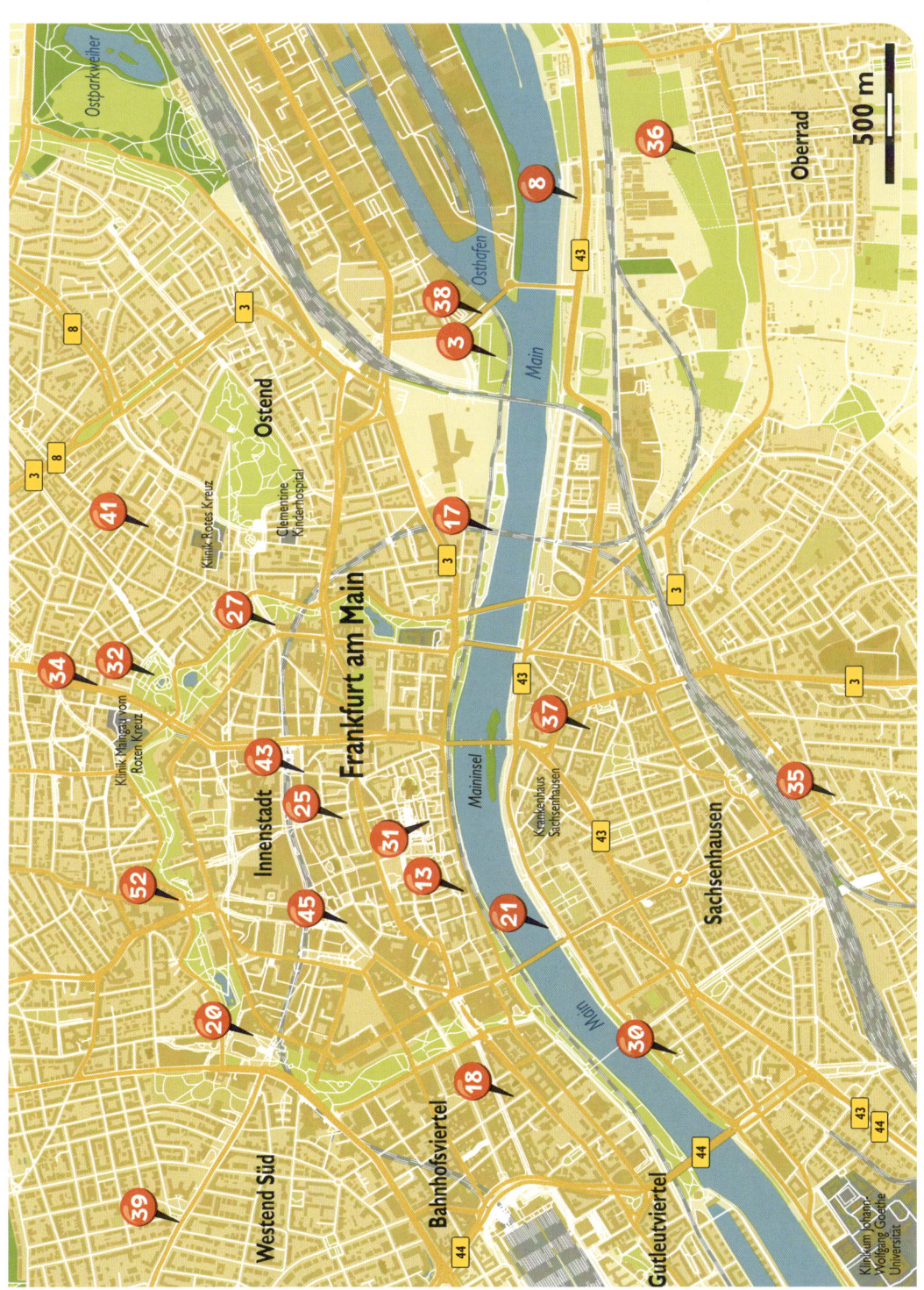

ESKAPADEN-REGISTER ...

＞ Alle Orte mit Seitenverweisen ＜

GPX-Download aufs Smartphone – so geht's

Voraussetzung:
Eine Outdoor-App muss installiert sein, z. B. KOMPASS, Outdooractive oder Komoot. Zum Einlesen des QR-Codes benötigen ältere Android-Geräte eine QR-Code-App. Bei neueren Android- und IOS-Geräten ist diese Funktion in der Kamera integriert.

Daten downloaden:
1. Den QR-Code einlesen oder die Webadresse im Browser eingeben, um auf die Eskapaden-Website zu gelangen.
2. Die gewünschte Tour zum Download anklicken.
3. Bei IOS-Geräten werden die GPX-Daten direkt mit der vorab installierten App verknüpft. Bei Android-Geräten muss ggf. noch ein Weiterleiten-Button geklickt werden (z. B. oben rechts im Display). Manche Apps zeigen den Tourverlauf starr an, andere haben eine Navigationsfunktion dabei.

Tourenverlauf

GPX-Daten zum
kostenlosen Download
www.dumontreise.de/
eskapaden/feierabend-frankfurt

short.travel/iwfed

NOCH MEHR FEIERABEND-SPASS ...

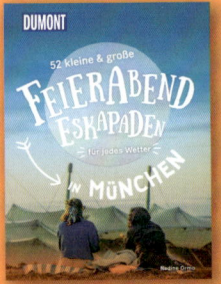
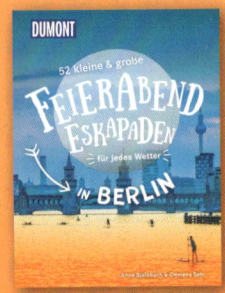

ISBN 978-3-616-11102-5   ISBN 978-3-616-11100-1   ISBN 978-3-616-11103-2

 ... erhalten Sie im gut sortierten Buchhandel
und unter www.dumontreise.de

IMPRESSUM

Reihenkonzept & Projektmanagement Monique Sorban

Covergestaltung Tanja Schnurpfeil, Leipzig, www.zebraluchs.de, und Carolin Weidemann, Köln, www.weidemann-design.com

Buchgestaltung & Illustrationen Carolin Weidemann, Köln, www.weidemann-design.com

Lektorat & Produktion Verlagsbüro Wais & Partner (Julia Rietsch, Bea König), Stuttgart, www.wais-und-partner.de

Text & Fotos Sarah Waltinger, Mainz, itchyfeet-travel.de

Kartografie © KOMPASS, Innsbruck, unter Verwendung von Kartendaten von © OpenStreetMap-Mitwirkende, Lizenz CC-BY-SA 2.0

Hinweis Alle Informationen wurden mit größtmöglicher Sorgfalt geprüft. Infolge der Corona-Pandemie kann es allerdings zu kurzfristigen Geschäftsschließungen und anderen Änderungen vor Ort gekommen sein.

Printed in Poland

1. Auflage 2021
© 2021 DuMont Reiseverlag, Ostfildern
ISBN 978-3-616-11101-8

www.dumontreise.de

love
Freiheit.

SARAH WALTINGER

⫸ ... über die Autorin ⫷

Schon zu Schulzeiten sprach die Mainzerin Sarah Waltinger häufig davon, in südliche Gefilde auszuwandern. Von einem Haus am Meer mit Klappläden und einem Zitronenbaum im Garten. Heute ist sie zwar als Reisejournalistin und Bloggerin auf der ganzen Welt unterwegs, dem Rhein-Main-Gebiet als Wohnsitz aber treu geblieben und genießt es regelmäßig Weltstadtluft in Frankfurt am Main zu schnuppern.

Über ihre Entdeckungen in der Ferne und vor der Haustür schreibt sie auf Itchy Feet (itchyfeet-travel.de) und Rhein Main Blog (rhein-main-blog.de).

Schnell runterkommen

Eskapade #7: Doch zunächst geht's hoch statt runter – und zwar die 175 Stufen des Goetheturms. Oben angekommen wartet die Belohnung. Der Blick über die Baumwipfel und Frankfurt.

Über den Tellerrand schauen

Eskapade #42: In der Deutschen Nationalbibliothek in die Welt der Worte eintauchen und Bücher aus den vergangenen mehr als 100 Jahren entdecken. Ein Leseabenteuer, das den Wissensdurst stillt und zum Nachdenken anregt.

ENDLICH FEIERABEND! UND NUN?

Ruhe finden

Eskapade #33: Für ein paar Stunden der hektischen Großstadt entkommen. Ein friedliches Refugium für einen After-Work-Spaziergang liegt hinter den hohen Mauern des Hauptfriedhofs. Perfekt zum Abschalten und für jede Jahreszeit geeignet.

Leute treffen

Eskapade #23: Lust auf einen Feierabend-Sundowner mit Urlaubsfeeling? Dann auf zum Orange Beach. Wer ohne Freunde oder Kollegen unterwegs ist, findet kaum schneller Anschluss als hier.

Raus aus der Komfortzone

Eskapade #47: Nach getaner Arbeit nochmal ordentlich in die Pedale treten. Bergauf und bergab geht's auf der Hohen Straße Richtung Büdingen. Mit einem Abstecher zur Ronneburg oder bis die Beine müde werden.